사고력 마스터 시리즈

포켓몬스터
한자 어휘 도감

JN341640

이 책의 구성

 **본문**

포켓몬 도감 속 다양한 한자 어휘를
9가지 주제에 맞게 알아보세요!

- 어떤 한자 어휘를 알아볼지 확인해 보세요.
- 어휘의 뜻을 알아봐요.
- 포켓몬 도감을 보며 위에서 배운 한자 어휘를 되새겨 보세요.
- 같은 한자가 쓰인 사자성어 혹은 한자어를 알아보세요.
- 뜻이 비슷하거나 관련이 있는 어휘, 같은 한자가 쓰인 어휘도 추가로 알아봐요!

부록

그림 찾기, 숫자 세기 등 포켓몬과 함께 즐거운 게임을 해요!

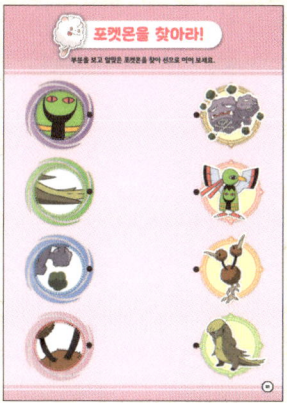

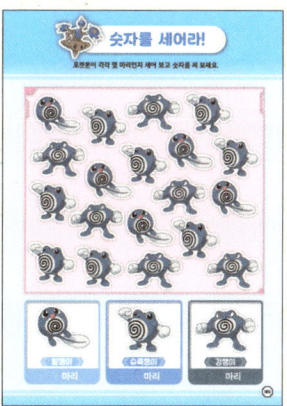

8~6급 급수 한자도 알아보세요!

차 례

이 책의 구성 ·· 2

1장 알쏭달쏭 과학 ······················· 5
포켓몬을 찾아라! ······························ 41
초성 퀴즈를 풀어라! ························ 42

2장 와글와글 사회 ······················ 43
물타입 포켓몬을 만나요! ················ 65
다른 그림을 찾아라! ························ 66

3장 반짝반짝 자연 ······················ 67
숨겨진 이름을 찾아라! ···················· 94

4장 하나둘셋 수학 ······················ 95
퍼즐을 맞춰라! ································ 114

5장 또박또박 국어 ···················· 115
어떤 포켓몬에 대한 설명일까요? ········ 148

6장 두근두근 인체 ···················· 149
규칙을 완성하라! ···························· 166

7장 살랑살랑 마음 ···················· 167
숫자를 세어라! ································ 185
재미 솔솔~ 낱말 퍼즐 ···················· 186

8장 스릴만점 게임 ···················· 187
이름을 완성해 줘! ·························· 207
이름 속 글자를 찾아라! ················ 208

9장 울끈불끈 힘 ························ 209

정답 ·· 226
한자 어휘 찾아보기 ························ 228
사자성어 찾아보기 ·························· 230
한자 급수표(8~6급) ························ 232

1장 알쏭달쏭 과학

결정 結晶

맺을 결 　 맑을 정

원자, 이온 등이 규칙적으로 배열되어 있는 고체 상태의 물질.

No. 0525
암트르
광석포켓몬
타입: 바위
키: 0.9m　몸무게: 102.0kg

오렌지색 結晶이 빛나기 시작하면 조심해야 해요. 에너지를 쏘아대기 때문이에요.

같이 알아두면 좋은 말!

結草報恩
맺을 결　풀 초　갚을 보　은혜 은

풀을 묶어 은혜를 갚는다는 뜻으로, 받은 은혜를 잊지 않고 꼭 보답한다는 뜻이에요.

- 형성(形成)
어떤 사물이나 현상이 이루어져서 모양을 갖춤.
- 용해(溶解)
고체가 액체에 녹아 섞여 없어지는 일.
- 결실(結實)
어떤 일이나 행동을 해서 얻는 좋은 결과.

과학 / 科學

과목 과 · 배울 학

보편적인 진리나 법칙의 발견을 목적으로 한 체계적인 지식.

No. 0622
골비람
골렘포켓몬
타입: 땅, 고스트
키: 1.0m 몸무게: 92.0kg

환상 속 고대 문명의 科學에 의해 탄생한 포켓몬이라 여겨지고 있어요.

같이 알아두면 좋은 말!

金科玉條
쇠 금 · 과목 과 · 구슬 옥 · 가지 조

금이나 옥처럼 귀중하게 여기는 법이나 규칙이라는 뜻이에요.

- 학문(學問): 어떤 분야를 체계적으로 배워서 익힘.
- 무지(無知): 아는 것이 없음. 또는 지식이 없음.
- 학습(學習): 배우고 익힘.

관찰 / 觀察

볼 관 / 살필 찰

사물이나 현상을 주의하여 자세히 살펴보는 일.

No. 0178 네이티오
정령포켓몬
타입: 에스퍼, 비행
키: 1.5m 몸무게: 15.0kg

과거와 미래를 내다볼 수 있어요. 매일 태양의 움직임을 觀察하는 이상한 포켓몬이에요.

같이 알아두면 좋은 말!

坐 井 觀 天
앉을 좌 / 우물 정 / 볼 관 / 하늘 천

물 속에 앉아서 하늘을 본다는 뜻으로, 사람의 견문이 매우 좁음을 이르는 말이에요.

- 주시(注視)
  눈여겨 보면서 주의 깊게 살핌.
- 무관심(無關心)
  관심이나 흥미가 없음.
- 관광(觀光)
  다른 곳을 여행하며 구경함.

광합성 光合成

빛 **광**   합할 **합**   이룰 **성**

녹색식물이 빛 에너지를 이용하여 이산화 탄소와 수분으로 영양분을 만들어 내는 과정.

No. 0470
리피아
심록포켓몬
타입:풀
키:1.0m   몸무게:25.5kg

맑은 날에 잠든 리피아는 光合成을 해서 깨끗한 공기를 만들어 내요.

같이 알아두면 좋은 말!

光明正大
빛 **광**   밝을 **명**   바를 **정**   큰 **대**

마음이나 행동이 밝고 바르며 거리낌이 없다는 뜻이에요.

- **합성(合成)**: 여러 가지 요소나 물질을 합쳐서 새로운 것을 만들어 내는 일.
- **분해(分解)**: 하나로 이루어진 물질이 여러 부분이나 성분으로 나뉘는 일.
- **광속(光速)**: 빛의 속도.

구조 | 構造
얽을 **구** · 지을 **조**

부분이나 요소가 어떤 전체를 이루는 짜임새나 모양.

No. O185
꼬지모
흉내포켓몬
타입: 바위
키: 1.2m 몸무게: 38.0kg

항상 나무인 척하고 있어요. 몸의 **構造**는 식물보다 돌이나 바위에 가까운 듯해요.

같이 알아두면 좋은 말!

風雲造化
바람 **풍** · 구름 **운** · 지을 **조** · 될 **화**

바람이나 구름의 예측하기 어려운 변화를 뜻하는 말이에요.

- 형태(形態)
사물이나 현상이 겉으로 나타나는 생김새나 모양.
- 해체(解體)
조립된 것 또는 한 덩어리를 낱낱이 풀어 흩어지게 함.
- 창조(創造)
없던 것을 처음으로 만듦.

굴절 屈折

굽힐 굴 　 꺾을 절

빛, 소리, 물결 따위가 어떤 곳에서 다른 곳으로 들어갈 때 경계면에서 그 진행 방향이 바뀌는 현상.

No. 0380
라티아스
무한포켓몬
타입: 드래곤, 에스퍼
키: 1.4m　몸무게: 40.0kg

빛을 屈折시키는 깃털로 전신을 둘러싸 모습을 보이지 않게 하는 능력을 가지고 있어요.

같이 알아두면 좋은 말!

百折不屈
일백 백　꺾을 절　아니 불　굽을 굴

아무리 여러 번 꺾이고 어려움이 있어도 결코 굽히지 않는다는 뜻이에요.

- 굴곡(屈曲)
구부러지거나 꺾여서 휘어진 모양이나 상태.
- 직진(直進)
구부러지거나 꺾이지 않고 곧게 나아감.
- 굴복(屈服)
힘이 모자라 복종함.

기계 機械

틀 **기** / 기계 **계**

동력을 써서 움직이거나 일을 하는 장치.

No. 0479
로토무
(로토무의 모습)

플라스마포켓몬

타입: 전기, 고스트
키: 0.3m 몸무게: 0.3kg

전기 같은 몸은 일부 **機械**에 들어갈 수 있어요. 그리고 그 몸으로 장난을 쳐요.

같이 알아두면 좋은 말!

神 機 妙 算

귀신 **신** / 틀 **기** / 묘할 **묘** / 셈 **산**

아주 신기하고 놀라운 꾀나 방법, 또는 빈틈없는 계획을 말해요.

- **장치(裝置)**
  기계 따위를 일정한 목적에 맞게 설치. 또는 그 물건.
- **수작업(手作業)**
  손으로 직접 하는 일.
- **기밀(機密)**
  드러내서는 안 될 중요한 비밀.

기술 技術

재주 기 　재주 술

사물을 잘 다룰 수 있는 방법이나 능력.

No. 0237
카포에라
물구나무포켓몬
타입: 격투
키: 1.4m　몸무게: 48.0kg

춤추는 듯한 발차기 技術이 특기예요. 머리의 뿔은 털이나 발톱과 같은 성분으로 되어 있어요.

같이 알아두면 좋은 말!

權謀術數
권세 권　꾀 모　재주 술　셈 수

목적을 이루기 위하여 갖가지 꾀와 방법을 쓴다는 뜻이에요.

- 기예(技藝)
기술과 예술을 아울러 이르는 말.

- 미숙(未熟)
일 따위에 익숙하지 못하여 서투름.

- 기교(技巧)
정교하고 능숙한 솜씨.

농도 濃度

짙을 농　법도 도

어떤 성질이나 성분이 깃들어 있는 정도.

No. 0110
또도가스
독가스포켓몬
타입:독
키:1.2m 몸무게:9.5kg

체내에 들어 있는 독가스의 濃度를 극한까지 낮추면 최고급의 향수가 돼요.

같이 알아두면 좋은 말!

虛度歲月
빌 허　법도 도　해 세　달 월

아무 보람 없이 헛되이 세월을 보냄을 뜻해요.
'허송세월'과 같은 뜻이에요.

● 밀도(密度)
물질이 얼마나 촘촘히 들어차 있는가를 나타내는 정도.

● 희박(稀薄)
기체나 액체 따위의 밀도나 농도가 짙지 못하고 낮음.

● 농후(濃厚)
맛이나 빛깔, 기운 등이 매우 짙음.

물질 物質

물건 **물**   바탕 **질**

자연계의 구성 요소의 하나로 다양한 자연 현상을 일으키는 실체.

No. 0505
보르그
경계포켓몬

타입: 노말
키: 1.1m 몸무게: 27.0kg

체내의 발광 **物質**로 눈이나 몸을 빛나게 하여 습격해 온 상대를 풀이 죽게 만들어요.

같이 알아두면 좋은 말!

質 諸 鬼 神
바탕 질   어조사 저   귀신 귀   귀신 신

의심나는 것을 귀신에게 물어서 밝힌다는 뜻으로, 점을 쳐 봄을 이르는 말이에요.

- 물체(物體)
공간을 차지하고 일정한 형태와 부피가 있는 것.
- 공허(空虛)
비어 있거나 아무것도 없어 허전함.
- 물가(物價)
물건의 값.

반응 反應

돌이킬 반 | 응할 응

자극에 대응하여 어떤 현상이 일어남. 또는 그 현상.

No. 0069
모다피
꽃포켓몬
타입: 풀, 독
키: 0.7m 몸무게: 4.0kg

주변에 움직이는 것이 있으면 언제든지 바로 反應해서 가느다란 덩굴을 뻗어요.

같이 알아두면 좋은 말!

反射利益

돌이킬 반 | 쏠 사 | 이로울 이 | 이로울 익

다른 누군가의 행동 또는 외부의 변화 등으로 인해 간접적으로 얻게 되는 이익을 뜻해요.

- 응답(應答)
남의 말이나 행동에 대해 대답하거나 답함.
- 무반응(無反應)
아무런 반응이 없음.
- 반목(反目)
서로서로 시기하고 미워함.

발견 發見

필 發   볼 見

미처 찾아내지 못하였거나 아직 알려지지 아니한 사물이나 현상, 사실 따위를 찾아냄.

No. 0735

형사구스
잠복포켓몬

타입: 노말
키: 0.7m 몸무게: 14.2kg

먹잇감의 흔적을 發見하면 해가 떨어질 때까지 그 자리에 머물며 끈질기게 잠복해요.

같이 알아두면 좋은 말!

發憤忘食
필 發 분할 憤 잊을 忘 먹을 食

분발하여 어떤 일에 온 힘을 쏟다 보니 먹는 것조차 잊는다는 뜻이에요.

- 탐색(探索)
찾거나 살펴봄.
- 은폐(隱蔽)
숨기거나 가림.
- 발달(發達)
더 좋은 상태나 수준으로 나아감.

방전 放電

놓을 방 　 번개 전

전지나 축전기 또는 전기를 띤 물체에서 전기가 외부로 흘러나오는 현상.

No. 0172
피츄
아기쥐포켓몬
타입: 전기
키: 0.3m　몸무게: 2.0kg

전기를 모으는 게 서툴어요. 조금만 충격을 받아도 금방 放電해 버려요.

같이 알아두면 좋은 말!

高聲放歌
높을 고　소리 성　놓을 방　노래 가

큰 소리를 지르거나 노래를 부르는 일을 뜻해요.

● 유출(流出)
액체나 기체, 전기 등이 밖으로 흘러 나감.

● 축전(蓄電)
전기를 모아서 저장함.

● 방출(放出)
밖으로 내보냄.

번식 繁殖

번성할 번 · 불릴 식

생물이 종족의 수를 늘려 나가는 여러 활동.

No. 0088
질퍽이
오물포켓몬
타입: 독
키: 0.9m 몸무게: 30.0kg

오물이 포켓몬이 되었어요. 더러운 장소에 모여 몸의 세균을 繁殖시켜요.

같이 알아두면 좋은 말!

繁 音 促 節
번성할 번 · 소리 음 · 재촉할 촉 · 마디 절

국악에서, 가락이 번잡하고 장단이 빠름을 이르는 말이에요.

- 증식(增殖): 수나 양이 늘어나서 많아짐.
- 감소(減少): 수나 양이 줄어듦.
- 번영(繁榮): 번성하여 영화로움.

변이 | 變異

변할 **변**   다를 **이**

같은 종에서 성별, 나이와 관계없이 모양과 성질이 다른 개체가 존재하는 현상.

No. 0719
디안시
보석포켓몬
타입: 바위, 페어리
키: 0.7m 몸무게: 8.8kg

멜리시의 돌연**變異**예요. 분홍빛으로 빛나는 몸은 세계에서 가장 아름답다고 일컬어져요.

같이 알아두면 좋은 말!

變化無雙
변할 **변**   될 **화**   없을 **무**   두 **쌍**

변화가 아주 많아서 한 가지로 정해지지 않는다는 뜻이에요.

- 변형(變形) 형태나 모습이 달라짐.
- 불변(不變) 변하지 않음.
- 변동(變動) 변하여 달라짐.

분사 噴射

뿜을 **분** 쏠 **사**

액체나 기체 따위에 압력을 가하여 세차게 뿜어 내보냄.

No. 0009
거북왕
껍질포켓몬
타입:물
키:1.6m 몸무게:85.5kg

噴射한 물의 기세에 밀리지 않도록 일부러 체중을 무겁게 불리고 있어요.

같이 알아두면 좋은 말!

射魚指天
쏠 **사** 물고기 **어** 가리킬 **지** 하늘 **천**

물고기를 잡으려고 하늘을 가리킨다는 뜻으로, 불가능한 일을 하려함을 이르는 말이에요.

- 분출(噴出)
  액체나 기체가 세차게 뿜어져 나옴.
- 정체(停滯)
  움직이거나 흘러나오지 않고 한 곳에 머무름.
- 분수(噴水)
  물을 뿜어내는 설비.

섭씨 | 攝氏

다스릴 섭 | 성씨 씨

온도 단위의 하나로 얼음의 녹는점을 0°C, 물의 끓는점을 100°C로 하여 그 사이를 100등분 한 단위.

No. 0467
마그마번
폭염포켓몬

타입: 불꽃
키: 1.6m 몸무게: 68.0kg

팔 끝에서 攝氏 2000도의 불구슬을 쏘아낼 때 몸은 열 때문에 약간 하얘져요.

같이 알아두면 좋은 말!

和 氏 之 璧
화할 화 | 성씨 씨 | 갈 지 | 구슬 벽

중국 춘추 전국 시대의 명옥으로, 아주 귀하고 빼어난 보석을 뜻해요.

- 화씨(華氏)
섭씨와 더불어 온도의 단위를 나타내는 말.

- 섭취(攝取)
좋은 것을 받아들임.

세포 | 細胞

가늘 세 · 세포 포

생물체를 이루는 기본 단위로 핵막의 유무에 따라 진핵 세포와 원핵 세포로 나뉜다.

No. 0135
쥬피썬더
번개포켓몬
타입: 전기
키: 0.8m 몸무게: 24.5kg

細胞가 내고 있는 약한 전기를 하나로 모아서 강력한 전기를 발산해요.

같이 알아두면 좋은 말!

白衣同胞
흰 백 · 옷 의 · 한가지 동 · 세포 포

흰옷을 입은 민족이라는 뜻으로, '한민족'을 이르는 말이에요.

- 원형질(原形質) 살아 있는 세포에 들어 있는 물질.
- 무기질(無機質) 철, 칼슘 등 우리 몸을 구성하는 데 꼭 필요한 물질 중 하나.
- 세밀(細密) 매우 자세하고 빈틈없음.

소멸 消滅

사라질 소　　다할 멸

어떤 것이 사라져 없어짐.

No. 0718
지가르데(50%폼)
질서포켓몬
타입: 드래곤, 땅
키: 5.0m　몸무게: 305.0kg

셀이 50% 모인 모습이에요. 적대하는 자는 일절 봐주지 않고 消滅시켜요.

같이 알아두면 좋은 말!

終 無 消 息
끝날 종　없을 무　사라질 소　쉴 식

끝내 아무 소식이 없다는 뜻이에요.

- 소실(消失)
  없어져서 흔적이 남지 않음.
- 존속(存續)
  계속하여 존재함.
- 멸종(滅種)
  어떤 종류의 생물이 모두 없어져 사라짐.

수증기 水蒸氣

물 **수** · 찔 **증** · 기운 **기**

기체 상태로 되어 있는 물.

No. 0721
볼케니온
스팀포켓몬

타입: 불꽃, 물
키: 1.7m 몸무게: 195.0kg

水蒸氣를 뿜어내어 자신의 모습을 짙은 안개 속에 숨겨요. 사람이 오지 않는 산에 산다고 해요.

같이 알아두면 좋은 말!

我田引水
나 **아** · 밭 **전** · 끌 **인** · 물 **수**

자기 논에만 물을 끌어들인다는 뜻으로, 자기에게만 이롭게 되도록 생각하거나 행동한다는 뜻이에요.

- 수분(水分)
축축한 물의 기운.
- 응축(凝縮)
기체가 액체로 변함. 무언가가 한데 엉겨 굳어서 줄어든다는 뜻도 있음.
- 증발(蒸發)
액체가 기체로 변함.

압축 | 壓縮

누를 **압** | 줄일 **축**

물질 따위에 압력을 가하여 그 부피를 줄임.

No. 0247

데기라스

탄환포켓몬

타입: 바위, 땅
키: 1.2m　몸무게: 152.0kg

체내에서 壓縮한 가스를 기세 좋게 분출시켜 날며 난동을 피우는 번데기예요.

같이 알아두면 좋은 말!

一 縮 一 伸
한 **일**　줄일 **축**　한 **일**　펼 **신**

한 번 줄었다가 한 번 펴진다는 뜻으로, 수축과 이완을 반복함을 나타내는 말이에요.

- 응집(凝集) : 여럿이 한데 뭉치거나 모이는 일.
- 팽창(膨脹) : 부풀어서 커짐.
- 축소(縮小) : 줄여서 작게 함.

액체 液體

진 **액**　　몸 **체**

일정한 부피는 가졌으나 일정한 형태를 가지지 못한 물질.

No. 0435
스컹탱크
스컹크포켓몬
타입: 독, 악
키: 1.0m　몸무게: 38.0kg

꼬리 끝에서 심한 냄새가 나는 液體를 날려 공격하지만 위에서 공격을 받게 되면 당황해요.

같이 알아두면 좋은 말!

一 心 同 體
한 **일**　마음 **심**　한가지 **동**　몸 **체**

마음이 하나가 되어 한 몸처럼 움직인다는 뜻으로, 서로 생각과 마음이 아주 친밀함을 이르는 말이에요.

- 용액(溶液)
어떤 물질이 액체에 녹아서 이루어진 균일한 혼합물.
- 고체(固體)
모양과 부피가 일정한 물질의 상태.
- 액상(液狀)
액체로 되어 있는 상태.

연구 | 研究

갈 연 · 연구할 구

어떤 일이나 사물에 대하여서 깊이 있게 조사하고 생각하여 진리를 따져 보는 일.

No. 0772

타입:널

인공포켓몬

타입:노말
키:1.9m 몸무게:120.5kg

극비였던 研究 자료가 도난당한 뒤 가라르지방에서 새로 만들어졌다는 소문이 있어요.

같이 알아두면 좋은 말!

究 竟 不 淨
연구할 구 · 마침내 경 · 아닐 부 · 깨끗할 정

사람이 죽어서 파묻히면 흙이 되고, 불에 타면 재가 된다는 뜻으로 몸의 마지막은 깨끗하지 못함을 이르는 말이에요.

- 탐구(探究)
진리를 파고들어 깊이 따져서 연구함.
- 무지(無知)
아는 것이 없음.
- 연마(研磨)
학문이나 기술 따위를 열심히 닦음.

유전자 遺傳子

남길 유 · 전할 전 · 아들 자

생물체의 개개의 유전 형질을 발현시키는 원인이 되는 인자. 일정한 순서로 배열되어, 생식 세포를 통하여 유전 정보를 전달한다.

No. 0084
두두
쌍둥이새포켓몬
타입: 노말, 비행
키: 1.4m　몸무게: 39.2kg

완전히 같은 遺傳子를 가진 쌍둥이의 머리로 호흡이 척척 맞는 콤비네이션을 구사하며 싸워요.

같이 알아두면 좋은 말!

父傳子傳
아버지 부 · 전할 전 · 아들 자 · 전할 전

아버지의 모습이나 성질이 아들에게 그대로 전해진다는 뜻이에요.

- **선천(先天)** 태어나면서부터 몸에 지니고 있는 것.
- **후천(後天)** 태어난 뒤에 지니게 된 성질이나 체질 따위를 이르는 말.
- **유산(遺産)** 죽은 사람이 남겨 놓은 재산이나 물건.

음파 音波

소리 音　　물결 波

공기나 그 밖의 매질이 발음체의 진동을 받아서 생기는 파동.

No. 0272
로파파
행복하기포켓몬
타입: 물, 풀
키: 1.5m　몸무게: 55.0kg

경쾌한 리듬의 音波를 받으면 에너지를 만들어 내는 능력을 온몸에 갖추고 있어요.

같이 알아두면 좋은 말!

波瀾萬丈
물결 波　물결 瀾　일만 萬　어른 丈

물결이 높고 낮게 치듯이, 인생이나 일이 변화가 심하고 여러 가지 곡절이 많다는 뜻이에요.

- 음향(音響) : 소리의 울림이나 퍼짐.
- 정적(靜寂) : 아주 조용하고 고요함.
- 음성(音聲) : 사람이나 동물이 내는 소리.

작용 作用

지을 작 · 쓸 용

어떠한 현상을 일으키거나 영향을 미침.

No. 0366
진주몽
두조개포켓몬
타입: 물
키: 0.4m 몸무게: 52.5kg

평생동안 하나만 만드는 진주는 사이코 파워를 증폭시키는 作用을 한다고 해요.

같이 알아두면 좋은 말!

磨 斧 作 針
갈 마 · 도끼 부 · 지을 작 · 바늘 침

도끼를 갈아 바늘을 만든다는 뜻으로, 어려운 일이라도 끈기 있게 계속하면 성공할 수 있다는 뜻이에요.

- 기능(機能): 어떤 사물이나 기관이 본래 가지고 있는 역할이나 작용.
- 휴지(休止): 일이나 활동, 움직임을 잠시 멈춤.
- 효용(效用): 보람 있게 쓰거나 쓰임.

재생 再生

다시 **재**   날 **생**

상실되거나 손상된 생물체의 한 부분에 새로운 조직이 생겨 다시 자라나는 현상.

No. 0755

자마슈

발광포켓몬

타입: 풀, 페어리
키: 0.2m   몸무게: 1.5kg

머리의 갓은 매우 맛있어요. 숲속의 포켓몬들에게 먹히지만 하룻밤 만에 **再生**해요.

같이 알아두면 좋은 말!

各 自 圖 生

각각 **각**   스스로 **자**   그림 **도**   날 **생**

각자 스스로 살아나갈 방법을 꾀한다는 뜻이에요.

- 복원(復元)
  본래의 상태로 되돌아감.
- 소멸(消滅)
  사라져 없어짐.
- 재발(再發)
  한 번 일어났던 일이 다시 일어남.

전기 電氣

번개 **전** 기운 **기**

물질 안에 있는 전자 또는 공간에 있는 자유 전자나 이온들의 움직임 때문에 생기는 에너지의 한 형태.

No. 0025
피카츄
쥐포켓몬
타입:전기
키:0.4m 몸무게:6.0kg

양 볼에는 電氣를 저장하는 주머니가 있어요. 화가 나면 저장한 電氣를 단숨에 방출해요.

같이 알아두면 좋은 말!

浩 然 之 氣
넓을 **호** 불탈 **연** 갈 **지** 기운 **기**

하늘과 땅 사이에 가득 찬 넓고 큰 원기라는 뜻으로, 거침없이 넓고 큰 기개를 말해요.

- 전력(電力)
전기의 힘, 전기가 지닌 에너지.
- 정전(停電)
오던 전기가 끊김.
- 용기(勇氣)
씩씩하고 굳센 기운.

조절 調節

고를 조   마디 절

균형이 맞게 바로잡음. 또는 적당하게 맞추어 나감.

No. 0438
꼬지지
분재포켓몬
타입: 바위
키: 0.5m   몸무게: 15.0kg

체내의 불필요한 수분을 눈으로 내보내 調節해요. 울고 있는 것처럼 보일 뿐이에요.

같이 알아두면 좋은 말!

雨順風調

비 우   순할 순   바람 풍   고를 조

비가 때맞추어 내리고 바람이 고르게 분다는 뜻으로, 농사에 알맞게 기후가 순조로움을 이르는 말이에요.

- 조정(調整)
어떤 기준이나 실정에 맞게 정돈함.
- 과도(過度)
정도에 지나침.
- 시절(時節)
일정한 시기나 때.

증거 證據

증거 **증**　　의거할 **거**

어떤 사실을 증명할 수 있는 근거.

No. 0527
또르박쥐
박쥐포켓몬
타입: 에스퍼, 비행
키: 0.4m　몸무게: 2.1kg

동굴을 올려다봤을 때 벽에 하트 모양 자국이 있다면 또르박쥐가 살고 있다는 證據예요.

같이 알아두면 좋은 말!

無據不測
없을 **무**　의거할 **거**　아닐 **불**　헤아릴 **측**

성질이 말할 수 없이 흉측하다는 뜻이에요.
근거가 없어 헤아리기 어렵다는 뜻도 있어요.

 입증(立證)
어떤 사실이나 주장이 맞다는 것을 증거를 들어 밝힘.

● 의혹(疑惑)
의심하고 미심쩍게 여김.

● 증언(證言)
어떤 사실을 증거로 말함.

증폭 增幅

더할 증 | 폭 폭

사물의 범위가 늘어나 커짐. 또는 사물의 범위를 넓혀 크게 함.

No. 0497
샤로다
로열포켓몬
타입: 풀
키: 3.3m 몸무게: 63.0kg

햇빛으로 생성한 에너지를 기다란 몸속에서 수십 배로 增幅시켜요.

같이 알아두면 좋은 말!

日 加 月 增
날 일 | 더할 가 | 달 월 | 더할 증

날이 갈수록 점점 더 많아진다는 뜻이에요.

● 확대(擴大)
크기나 범위를 넓힘.

● 축소(縮小)
크기나 수량을 줄여 작게 함.

● 증가(增加)
수량이나 양이 많아짐.

진화 進化

나아갈 **진** 됨 **화**

생물이 생명의 기원 이후부터 점진적으로 변해 가는 현상.

No. 0133
이브이
진화포켓몬
타입: 노말
키: 0.3m 몸무게: 6.5kg

환경 변화에 곧바로 적응할 수 있도록 여러 형태로 進化할 수 있는 가능성을 가지고 있어요.

같이 알아두면 좋은 말!

日 進 月 步
날 **일** 나아갈 **진** 달 **월** 걸음 **보**

날마다 발전하고 달마다 나아간다는 뜻으로, 꾸준히 조금씩 발전하는 모습을 말해요.

- 발전(發展)
좋은 상태나 더 높은 단계로 나아감.
- 퇴화(退化)
발달하던 것이 도리어 줄거나 못하게 됨.
- 진보(進步)
앞으로 나아감, 점점 발전함.

초음파 超音波

뛰어넘을 超 소리 音 물결 波

사람의 귀에 소리로 들리는 한계 주파수 이상이어서 들을 수 없는 음파.

No. 0714

음뱃

음파포켓몬

타입: 비행, 드래곤
키: 0.5m 몸무게: 8.0kg

큰 귀로 超音波를 내보내서 먹이인 과일을 찾아요. 과사삭벌레를 먹이로 착각하기도 해요.

같이 알아두면 좋은 말!

超然主義

뛰어넘을 超 불탈 然 임금 主 옳을 義

어떠한 사물에 직접 관계하지 않고 자기 생각에서 그 일을 한다는 뜻이에요.

- 고주파(高周波)
  진동수가 높은 파동, 즉 높은 음파.
- 저주파(低周波)
  진동수가 낮은 파동.
- 초월(超越)
  어떤 한계나 기준을 뛰어넘음.

탈피 脫皮

벗을 탈 | 가죽 피

파충류, 곤충류 따위가 자라면서 허물이나 껍질을 벗는 현상.

No. 0076
딱구리
메가톤포켓몬
타입: 바위, 땅
키: 1.4m 몸무게: 300.0kg

암반처럼 단단한 껍질에 싸여 있어요. 1년에 1번 脫皮하여 커져요.

같이 알아두면 좋은 말!

草 根 木 皮
풀 초 | 뿌리 근 | 나무 목 | 가죽 피

맛이나 영양 가치가 없는 거친 음식을 비유적으로 이르는 말이에요.

- 변태(變態)
동물이 성장하면서 형태가 완전히 바뀌는 일.
- 정착(定着)
한자리에 자리잡아 머묾.
- 탈주(脫走)
빠져나와 달아남.

파동 波動

물결 파 　 움직일 동

공간의 한 점에 생긴 물리적인 상태의 변화가 차츰 둘레에 퍼져 가는 현상.

No. 0447
리오르
파문포켓몬
타입: 격투
키: 0.7m　몸무게: 20.2kg

波動을 내서 동료끼리 의사소통을 해요. 밤새도록 계속 달릴 수 있어요.

같이 알아두면 좋은 말!

一 波 萬 波
한 일　물결 파　일만 만　물결 파

한 번의 파도가 여러 갈래의 큰 물결로 퍼져 나간다는 뜻으로, 어떤 일이 크게 확산됨을 말해요.

● 진동(振動)
어떤 물체가 주기적으로 흔들려 움직이는 현상.

● 정지(停止)
움직임이나 변화가 없이 멈추어 있음.

● 동요(動搖)
흔들려 움직임.

포켓몬을 찾아라!

부분을 보고 알맞은 포켓몬을 찾아 선으로 이어 보세요.

초성 퀴즈를 풀어라!

초성을 보고 어떤 포켓몬인지 이름을 써 보세요.

ㅇㅂㅇ

ㄸㄱㄹ

ㅍㅋㅊ

ㅈㅈㅁ

2장
와글와글 사회

감시 監視

볼 감 · 볼 시

단속하기 위하여 주의 깊게 살핌.

No. 0709
대로트
고목포켓몬
타입: 고스트, 풀
키: 1.5m 몸무게: 71.0kg

뿌리를 통해 나무들과 연결되어 숲속 구석구석을 監視해요. 수상한 자는 저주로 물리쳐요.

같이 알아두면 좋은 말!

虎視牛步
범 호 · 볼 시 · 소 우 · 걸음 보

호랑이가 노려보는 듯이 예리하게 살피고, 소가 걷는 것처럼 천천히 신중하게 행동한다는 뜻이에요.

- 감독(監督) 일이나 행동을 살피고 바로잡음.
- 방임(放任) 내버려두고 간섭하지 않음.
- 감찰(監察) 감시하고 조사함.

거처 | 居處

살 **거** / 곳 **처**

일정하게 자리를 잡고 사는 일. 또는 그 장소.

No. 0432

몬냥이
얼룩고양이포켓몬

타입: 노말
키: 1.0m 몸무게: 43.8kg

다른 포켓몬의 居處라 할지라도 아무렇지 않게 들어가서 쿨쿨 잘 정도로 뻔뻔해요.

같이 알아두면 좋은 말!

燕雀處堂
제비 **연** / 참새 **작** / 곳 **처** / 집 **당**

처마 밑에 사는 제비와 참새라는 뜻으로, 위험이 닥쳐오고 있는데도 전혀 모르고 안심하는 것을 비유하는 말이에요.

 주소(住所)
사람이 살거나 머무르는 곳.

● 유랑(流浪)
이리저리 떠돌아다님.

● 거주(居住)
일정한 곳에 자리 잡고 삶.

관계 | 關 係

관계할 **관** | 맬 **계**

둘 이상의 사람, 사물, 현상 따위가
서로 관련을 맺거나 관련이 있는 상태.

No. 0509
쌔비냥
성악포켓몬
타입:악
키:0.4m 몸무게:10.1kg

곤란해하는 모습을 보기 위해 사람의 물건을 훔쳐요. 훔처우와는 라이벌 **關係**예요.

같이 알아두면 좋은 말!

生死關頭
날 **생** | 죽을 **사** | 관계할 **관** | 머리 **두**

살아남느냐 죽느냐 하는, 아주 위태로운 고비나 중요한 순간을 뜻해요.

- 연관(聯關)
  서로 이어져 관련이 있음.
- 단절(斷切)
  서로 이어진 관계가 끊어짐.
- 계착(係着)
  마음에 늘 꺼림하게 걸려 있음.

관리 / 管理

대롱 管 　 다스릴 理

사람의 몸이나 동식물 따위를 보살펴 돌봄.
또는 시설이나 물건의 유지, 개량 등의 일을 맡아 함.

No. 0723
빼미스로우
칼날깃포켓몬
타입: 풀, 비행
키: 0.7m 몸무게: 16.0kg

나르시시스트로 깔끔한 걸 좋아해요. 자주 管理해 주지 않으면 말을 안 듣기도 해요.

같이 알아두면 좋은 말!

管 鮑 之 交

대롱 　절인 어물 　갈 之　사귈 交

중국의 역사적 인물, 관중과 포숙아처럼 매우 친밀하고 우정이 두터운 친구 사이를 이르는 말이에요.

- 감독(監督) 일이나 사람을 살피고 이끌며 다스림.
- 관망(觀望) 한발 물러서 일을 바라봄.
- 심리(心理) 마음의 작용과 의식의 상태.

대화 | 對話

대할 **대** · 말씀 **화**

마주 대하여 이야기를 주고받는 것.

No. 0313
볼비트
반딧불포켓몬
타입: 벌레
키: 0.7m 몸무게: 17.7kg

물이 깨끗한 연못에 서식해요. 밤이 되면 엉덩이가 빛나며 이를 깜빡여서 동료와 對話해요.

같이 알아두면 좋은 말!

擧 頭 對 面
들 **거** · 머리 **두** · 대할 **대** · 낯 **면**

머리를 들어 서로 얼굴을 마주 본다는 뜻으로, 서로 가까이서 직접 마주 대함을 나타내는 말이에요.

- **토론(討論)** 서로 의견을 주고받으며 논의함.
- **침묵(沈默)** 아무 말도 하지 않고 잠잠히 있음.
- **대답(對答)** 묻는 말에 응하여 말함.

도시 都市

도읍 도 　　저자 시

일정한 지역의 정치·경제·문화의 중심이며 사람이 많이 사는 지역.

No. 0561

심보러

흡사새포켓몬

타입: 에스퍼, 비행
키: 1.4m 　몸무게: 14.0kg

사이코 파워로 하늘을 날아요. 고대 都市의 수호신 또는 수호신의 사자로 일컬어져요.

같이 알아두면 좋은 말!

市 　 井 　 雜 　 輩

저자 시 　우물 정 　섞일 잡 　무리 배

시장이나 거리의 잡다한 무리라는 뜻으로, 이리저리 몰려다니는 하찮은 사람들을 낮추어 이르는 말이에요.

 농촌(農村)
주로 농업에 종사하는 사람들이 모여 사는 마을.

 시내(市内)
도시의 안쪽.

동료 同僚

한가지 동　　　동료 료

같은 직장이나 같은 부문에서 함께 일하는 사람.

No. 0543
마디네
지네포켓몬
타입: 벌레, 독
키: 0.4m　몸무게: 5.3kg

태우지네와는 종류가 다른 同僚지만 서로 만나면 큰 싸움이 돼요.

같이 알아두면 좋은 말!

同苦同樂
한가지 동　쓸 고　한가지 동　즐길 락

괴로움도 즐거움도 함께 나누는 가까운 벗이나 동료라는 뜻이에요.

 동업자(同業者)
같은 일에 종사하는 사람.

 상사(上司)
자기보다 직위가 높은 사람.

 동급생(同級生)
같은 학년의 학생.

명령 / 命令

命	令
목숨 명	하여금 령

윗사람이나 상위 조직이 아랫사람이나 하위 조직에 무엇을 하게 하는 것.

No. 0689

거북손데스
집합포켓몬

타입: 바위, 물
키: 1.3m 몸무게: 96.0kg

7마리의 거북손손이 1마리의 몸을 이루고 있어요. 머리가 손발에 命令 하는 구조예요.

같이 알아두면 좋은 말!

人	命	在	天
사람 인	목숨 명	있을 재	하늘 천

사람의 목숨은 하늘에 달려 있다는 뜻이에요.

 지시(指示)
어떤 일을 하라고 가리켜 일러 줌.

자율(自律)
스스로 정한 규칙이나 원칙에 따라 행동함.

가령(假令)
예를 들어.

문명 文明

글월 문 　 밝을 명

인류가 이룩한 물질적, 기술적, 사회 구조적인 발전. 자연 그대로의 원시적 생활과는 다른 발전되고 세련된 삶의 형태.

No. 0201
안농
심볼포켓몬
타입:에스퍼
키:0.5m 몸무게:5.0kg

고대 文明의 문자와 닮았어요. 문자가 먼저인지 안농이 먼저인지 세계 7대 불가사의 중 하나예요.

같이 알아두면 좋은 말!

文明開化

글월 문 　 밝을 명 　 열 개 　 변화 화

문명 사회로 발전하여 세상이 새롭게 변함을 이르는 말이에요.

● 문화(文化)
사람들이 이룩한 생활 양식이나 제도, 예술 따위를 아우르는 말.

● 야만(野蠻)
문화가 발달하지 않은 미개한 상태.

● 명문(名文)
이름난 글.

민족 民族

백성 민 · 겨레 족

일정한 지역에서 오랜 세월 동안 공동생활을 하면서 언어와 문화상의 공통성에 기초하여 역사적으로 형성된 사회 집단.

No. 0052
나옹
(가라르의 모습)
요괴고양이포켓몬
타입: 강철
키: 0.4m 몸무게: 7.5kg

전투적인 해양 民族과 지내는 동안 단련되어 몸 여기저기가 강철로 변화했어요.

같이 알아두면 좋은 말!

同族相殘
한가지 동 · 겨레 족 · 서로 상 · 잔인할 잔

같은 민족끼리 서로 해치고 싸운다는 뜻이에요.

- 동포(同胞)
  같은 나라 또는 같은 민족의 사람.
- 이민(移民)
  자기 나라를 떠나 다른 나라로 이주하는 일.
- 국민(國民)
  국가를 구성하는 사람.

방식 方式

모 **방** 법 **식**

일정한 방법이나 형식.

No. 0273
도토링
도토리포켓몬
타입: 풀
키: 0.5m 몸무게: 4.0kg

서식지를 넓히기 위해 나무 열매를 흉내 내어 새포켓몬에게 붙잡히는 **方式**으로 먼 곳까지 이동해요.

같이 알아두면 좋은 말!

天 方 地 軸
하늘 **천** 모 **방** 땅 **지** 굴대 **축**

하늘과 땅의 방향과 축을 모른다는 뜻으로, 종잡을 수 없이 함부로 덤비거나 덤벙대는 모습을 이르는 말이에요.

● 양식(樣式)
사물이나 일의 형식, 방법.

● 방안(方案)
일을 해 나갈 구체적인 방법.

생활 生活

날 생 | 살 활

사람이나 동물이 일정한 환경에서 활동하며 살아감.

No. 0027
모래두지
쥐포켓몬
타입: 땅
키: 0.6m 몸무게: 12.0kg

깊은 구멍을 파서 生活해요. 위험이 닥치면 몸을 말아 상대의 공격을 가만히 견뎌요.

같이 알아두면 좋은 말!

活 人 之 方
살 활 사람 인 갈 지 모 방

사람을 살리는 방법 또는 다른 사람을 도울 수 있는 좋은 방법을 뜻해요.

- 생존(生存) 살아 있음, 또는 살아남음.
- 사망(死亡) 죽어서 삶이 끝남.
- 생계(生計) 살아가기 위한 형편.

세상 世上

인간 **세** | 윗 **상**

사람이 살고 있는 모든 사회를 통틀어 이르는 말.

No. 0487
기라티나(오리진폼)
반골포켓몬
타입: 고스트, 드래곤
키: 6.9m 몸무게: 650.0kg

이 世上의 이면에 있는 세계에 살고 있다고 전해지는 포켓몬이에요. 고대의 무덤에 나타나요.

같이 알아두면 좋은 말!

卓上空論
높을 **탁** | 윗 **상** | 빌 **공** | 논할 **론**

탁자 위에서 하는 허황된 이론이라는 뜻으로, 현실성이 없고 실천성이 결여된 말이나 논의를 이르는 말이에요.

● 속세(俗世)
세속의 세상, 세상 사람들의 일상생활 공간.

● 천상(天上)
하늘 위. 인간 세상과는 반대되는 신비로운 세계.

● 세기(世紀)
일정한 시대를 나타내는 기간.

역할 役割

부역 역 　　나눌 할

자기가 마땅히 하여야 할 말은 바 직책이나 임무.

No. 0026
라이츄
쥐포켓몬
타입:전기
키:0.8m 몸무게:30.0kg

꼬리가 어스 役割을 하여 전기를 지면으로 흘려보내므로 자신은 감전되거나 하지 않아요.

같이 알아두면 좋은 말!

一 人 二 役
한 일　사람 인　두 이　부역 역

한 사람이 두 가지 역할을 맡는다는 뜻이에요.

- 담당(擔當)
  어떤 일이나 역할을 맡음.
- 방관(傍觀)
  일에 직접 참여하지 않고 곁에서 보기만 함.
- 할당(割當)
  몫을 나누어 맡김.

인간 人間

사람 **인** / 사이 **간**

생각을 하고 언어를 사용하며, 도구를 만들어 쓰고 사회를 이루어 사는 동물.

No. 0507
하데리어
충견포켓몬
타입: 노말
키: 0.9m 몸무게: 14.7kg

매우 영리하고 금방 친해져요. 人間의 파트너가 된 첫 포켓몬이라는 설도 있어요.

같이 알아두면 좋은 말!

師弟之間
스승 **사** / 아우 **제** / 갈 **지** / 사이 **간**

스승과 제자 사이, 또는 그 관계를 뜻하는 말이에요.

- 세인(世人)
  세상에 사는 사람.
- 신(神)
  초월적 존재, 사람과 반대되는 개념.
- 인류(人類)
  사람의 무리, 인류 전체.

조우 遭遇

만날 조 　 만날 우

우연히 서로 만남.

No. 0226
만타인
연포켓몬
타입: 물, 비행
키: 2.1m　몸무게: 220.0kg

파도가 조용할 때는 드넓은 창해를 나는 듯이 헤엄치는 만타인의 무리와 遭遇해요.

같이 알아두면 좋은 말!

千載一遇
일천 천　실을 재　한 일　만날 우

천 년 동안 단 한 번 만난다는 뜻으로, 좀처럼 얻기 어려운 좋은 기회라는 의미예요.

- 상봉(相逢) 서로 마주쳐 만남.
- 이별(離別) 만났던 사람과 헤어짐.
- 우연(偶然) 뜻하지 않게 일어난 일.

주인 | 主人

임금 **主**   사람 **人**

대상이나 물건 따위를 소유한 사람.

No. 0744
암멍이
강아지포켓몬
타입: 바위
키: 0.5m   몸무게: 9.2kg

어렸을 때는 매우 잘 따라요. 자라면서 성질이 사나워지지만 主人에게 입은 은혜는 잊지 않아요.

같이 알아두면 좋은 말!

物 各 有 主
물건 **물**   각각 **각**   있을 **유**   임금 **주**

모든 물건은 주인이 있다는 뜻으로, 어떤 물건이라도 아무 손에나 들어가는 것이 아님을 이르는 말이에요.

- 소유자(所有者)
어떤 물건이나 권리를 가지고 있는 사람.
- 고객(顧客)
물건을 사러 오는 손님.
- 주도(主導)
앞장서서 이끌거나 지휘함.

지방 地方

땅 **지** 모 **방**

어느 방면의 땅. 또는 서울 이외의 지역.

No. 0589

슈바르고

기병포켓몬

타입: 벌레, 강철
키: 1.0m 몸무게: 33.0kg

포마리의 껍질을 빼앗아 완전히 무장했어요. 가라르 地方에서는 매우 인기가 높아요.

같이 알아두면 좋은 말!

平地風波

평평할 **평** 땅 **지** 바람 **풍** 물결 **파**

평탄한 땅에 일어난 바람과 물결이라는 뜻으로, 조용하던 상황에 갑자기 생긴 어려움을 말해요.

- 지역(地域)
  특정한 구역이나 일정한 범위의 땅.
- 중앙(中央)
  가운데에 있는 중심 지역.
- 방면(方面)
  어떤 방향이나 분야.

집단 集團

모을 **집** 　　 둥글 **단**

여럿이 모여 이룬 모임.

No. O318

샤프니아

사나움포켓몬

타입: 물, 악

키: 0.8m　몸무게: 20.8kg

영역에 침입한 상대를 **集團**으로 공격해요. 날카로운 이빨은 보트의 밑바닥도 물어 뜯어요.

같이 알아두면 좋은 말!

大同團結

큰 **대**　한가지 **동**　둥글 **단**　맺을 **결**

많은 사람들이 큰 목표를 위해 서로 뜻을 합하여 하나로 뭉침을 뜻하는 말이에요.

- **부대(部隊)**
  공통의 목적을 위해 한데 모인 무리.
- **개인(個人)**
  집단이 아닌, 홀로 있는 한 사람.
- **단체(團體)**
  일정한 목적을 가지고 모인 사람들의 집단.

풍습 風習

바람 풍   익힐 습

풍속과 습관을 아울러 이르는 말.

No. 0370
사랑동이
랑데부포켓몬
타입: 물
키: 0.6m   몸무게: 8.7kg

하트 모양이 인기가 많아요. 좋아하는 사람에게 사랑동이를 보내는 風習이 남아 있는 곳이 있어요.

같이 알아두면 좋은 말!

自 學 自 習

스스로 자   배울 학   스스로 자   익힐 습

남에게 의지하지 않고 스스로 배우고 익힘을 뜻해요.

● 관습(慣習)
오랫동안 지켜온 풍습이나 습관.

● 폐습(弊習)
폐해가 많은 풍습.

● 풍향(風向)
바람이 부는 방향.

환경 環境

고리 환　　　지경 경

생물에게 직접·간접으로 영향을 주는 자연적 조건이나 사회적 상황이나 생활하는 주위의 상태.

No. 0331
선인왕
선인장포켓몬
타입: 풀
키: 0.4m　몸무게: 51.3kg

사막 같은 혹독한 環境을 좋아해요. 몸속에 축적된 물로 30일간 살 수 있어요.

같이 알아두면 좋은 말!

衆 目 環 視
무리 중　눈 목　고리 환　볼 시

여러 사람의 눈이 둥글게 에워싸 보듯이, 많은 사람이 주의 깊게 지켜봄을 이르는 말이에요.

● 주위(周圍)
사물이나 사람을 둘러싸고 있는 환경.

● 고립(孤立)
다른 것과 분리되어 따로 떨어져 있음.

● 경계(境界)
사물이 어떠한 기준에 의하여 분간되는 한계.

물타입 포켓몬을 만나요!

물타입 포켓몬을 모두 만날 수 있게 길을 찾아 보세요.

다른 그림을 찾아라!

그림을 잘 보고 달라진 부분을 3군데 찾아 아래 그림에 ○ 해 보세요.

3장
반짝반짝 자연

계절 | 季節

계절 **계** | 마디 **절**

규칙적으로 되풀이되는 자연 현상에 따라서 일 년을 구분한 것.

No. 0615
프리지오
결정포켓몬
타입: 얼음
키: 1.1m 몸무게: 148.0kg

추운 **季節**에 나타나요. 설산에서 죽은 포켓몬이나 사람이 환생한 것이라고 전해져요.

같이 알아두면 좋은 말!

季 布 一 諾
계절 **계** 베 **포** 한 **일** 허락할 **낙**

중국 초나라 장수 계포의 일화에서 유래된 말로, 약속을 반드시 지키는 신의를 나타내는 말이에요.

- 절기(節氣)
계절의 변화를 기준으로 한 해를 24등분한 각각의 시기.

- 영구(永久)
변함없이 아주 오랜 시간 동안 계속됨.

- 범절(凡節)
법도에 맞는 모든 질서나 절차.

공룡 恐龍

두려울 **공**   용 **룡**

중생대 쥐라기와 백악기에 걸쳐 번성하였던 거대한 파충류를 통틀어 이르는 말.

No. 0142
프테라
화석포켓몬
타입: 바위, 비행
키: 1.8m 몸무게: 59.0kg

恐龍 시대의 넓은 하늘을 날아다녔던 포켓몬이에요. 톱 같은 이빨을 가지고 있어요.

같이 알아두면 좋은 말!

龍虎相搏

용 **용**   범 **호**   서로 **상**   두드릴 **박**

용과 호랑이가 서로 싸운다는 뜻으로, 강자끼리 서로 치열하게 겨루는 상황을 비유하는 말이에요.

- 익룡(翼龍)
  날개 달린 고대 파충류의 한 무리.
- 용왕(龍王)
  바다를 다스린다는 전설 속의 임금.

낙엽 落葉

떨어질 낙   잎 엽

대개 식물의 잎이 말라서 떨어지는 현상으로 한기나 건조기 등의 환경에 대한 적응으로 일어남.

No. 0737
전지충이
배터리포켓몬

타입: 벌레, 전기
키: 0.5m   몸무게: 10.5kg

튼튼한 껍질로 몸을 보호하며 진화하기 위해 많은 양의 落葉과 부엽토를 먹어요.

같이 알아두면 좋은 말!

一 葉 知 秋
한 일   잎 엽   알 지   가을 추

나뭇잎 하나만 보고도 가을이 온 줄을 안다는 뜻으로, 작은 징조만 보고도 큰 변화를 알아차린다는 뜻이에요.

- 낙화(落花)
떨어진 꽃.
- 신록(新綠)
새로 돋아나는 푸른 잎.
- 낙수(落水)
떨어지는 물.

밀림 密林

빽빽할 밀 · 수풀 림

큰 나무들이 빽빽하게 들어선 깊은 숲.

No. 0254
메가나무킹
밀림포켓몬
타입: 풀, 드래곤
키: 1.9m 몸무게: 55.2kg

팔에 자란 잎사귀는 큰 나무도 싹둑 베어 넘어뜨리는 정도예요. 密林의 싸움에서는 무적이에요.

같이 알아두면 좋은 말!

竹林七賢
대나무 죽 · 수풀 림 · 일곱 칠 · 어질 현

대나무 숲 속 일곱 명의 선비라는 뜻으로, 중국 위·진 시대에 대나무 숲에서 교유하던 일곱 명의 현자를 뜻해요.

- 밀집(密集) 틈없이 빽빽하게 모임.
- 평원(平原) 평평한 들판.
- 산림(山林) 산에 우거진 나무숲.

분화구 噴火口

뿜을 **분** 불 **화** 입 **구**

화산체의 일부에 열려 있는 용암과 화산 가스 따위의 분출구.

No. 0126
마그마
불뿜기포켓몬
타입:불꽃
키:1.3m 몸무게:44.5kg

화산의 噴火口 근처에서 발견되었어요. 입에서 불꽃을 뿜어내요. 체온은 1200도나 돼요.

같이 알아두면 좋은 말!

明 若 觀 火
밝을 **명** 같을 **약** 볼 **관** 불 **화**

불을 보듯 분명하고 뻔하다는 뜻이에요.

- 밀폐(密閉)
샐 틈이 없이 꼭 막거나 닫음.
- 분출(噴出)
밖으로 세차게 뿜어져 나옴.

빙하 氷河

얼음 빙 / 물 하

수백수천 년 동안 쌓인 눈이 얼음덩어리로 변하여 그 자체의 무게로 압력을 받아 이동하는 현상. 또는 그 얼음덩어리.

No. 0378 레지아이스
빙산포켓몬
타입: 얼음
키: 1.8m 몸무게: 175.0kg

氷河기에 생겨난 얼음으로 몸이 만들어져 있어요. 마이너스 200도의 냉기를 다뤄요.

같이 알아두면 좋은 말!

氷山一角
얼음 빙 / 메 산 / 한 일 / 뿔 각

빙산의 한 조각이라는 뜻으로, 겉으로 드러난 것은 극히 일부임을 이르는 말이에요.

- 빙설(氷雪) : 얼음과 눈 덩어리.
- 온천(溫泉) : 땅속에서 솟아나는 따뜻한 물.
- 빙점(氷點) : 물이 얼기 시작할 때 또는 얼음이 녹기 시작할 때의 온도.

사막 沙漠

모래 사 / 사막 막

강수량이 적어서 식생이 보이지 않거나 적고, 인간의 활동도 제약되는 지역.

No. 0330
플라이곤
정령포켓몬
타입: 땅, 드래곤
키: 2.0m 몸무게: 82.0kg

沙漠의 정령이라고 불려요. 날개를 쳐서 일으킨 모래바람 속에 숨어 있어요.

같이 알아두면 좋은 말!

揚沙走石
날릴 양 / 모래 사 / 달릴 주 / 돌 석

모래가 날리고 돌멩이가 구른다는 뜻으로, 바람이 세차게 붊을 이르는 말이에요.

🔹 황야(荒野)
거칠고 넓은 들판, 풀이 없고 메마른 땅.

🔹 사탕(沙糖)
설탕이나 엿 따위를 끓였다가 식혀서 여러 가지 모양으로 굳힌 것.

산맥 山脈

메 산 혈맥 맥

산봉우리가 가늘거나 좁고 길게 연속되어 있는 지형.

No. 0460

눈설왕

얼음나무포켓몬

타입:풀, 얼음
키:2.2m 몸무게:135.5kg

만년설이 쌓인 山脈에서 조용히 지내요. 블리자드를 발생시켜 모습을 감춰요.

같이 알아두면 좋은 말!

山 川 草 木

메 산 내 천 풀 초 나무 목

산과 강, 그리고 풀과 나무라는 뜻으로, 자연을 이르는 말이에요.

- 산악(山岳) 높고 험준하게 솟은 산들.
- 평지(平地) 산이 없는 평평한 땅.
- 산봉(山峰) 산의 높은 봉우리.

삼림 森林

수풀 삼 　 수풀 림

나무가 많이 우거진 숲.

No. 0996
드니차
얼음지느러미포켓몬
타입:드래곤, 얼음
키:0.5m 몸무게:17.0kg

암석 지대나 森林에 서식해요. 등지느러미의 힘으로 굴 안을 냉장고처럼 차갑게 만들어요.

같이 알아두면 좋은 말!

風林火山
바람 풍 　 수풀 림 　 불 화 　 메 산

바람처럼 빠르고 숲처럼 조용하며, 불같이 격렬하고 산처럼 굳건하다는 뜻이에요.

- 무성(茂盛)
풀이나 나무 따위가 자라서 우거져 있음.
- 황무지(荒蕪地)
나무나 풀이 전혀 없는 황량한 땅.
- 삼엄(森嚴)
무서우리만큼 질서가 바로 서고 엄숙.

수목 樹木

나무 수 　　나무 목

살아 있는 나무.

No. 0716
제르네아스
생명포켓몬
타입: 페어리
키: 3.0m　몸무게: 215.0kg

영원한 생명을 나누어 준다고 해요. 樹木의 모습으로 1000년 동안 잠들고 부활해요.

같이 알아두면 좋은 말!

伐　木　丁　丁
칠 벌　나무 목　고무래 정　고무래 정

나무를 벨 때 나는 단단하고 힘찬 도끼 소리를 표현한 말이에요.

- 임목(林木)
  숲의 나무.
- 고목(枯木)
  오래되어 마르고 죽은 나무.
- 가로수(街路樹)
  길을 따라 줄지어 심은 나무.

용암 鎔巖

쇠 녹일 **용** | 바위 **암**

화산의 분화구에서 분출된 마그마. 또는 그것이 냉각, 응고된 암석.

No. 0218
마그마그
용암포켓몬
타입:불꽃
키:0.7m 몸무게:35.0kg

鎔巖으로 된 몸은 식어서 허물어질 때도 있지만 마그마에 들어가면 나아요.

같이 알아두면 좋은 말!

巖穴之士
바위 **암** 구멍 **혈** 갈 **지** 선비 **사**

바위 굴속의 선비라는 뜻으로,
속세를 떠나 산 속에 숨어사는 선비를 이르는 말이에요.

- 암석(巖石)
단단한 바위나 돌.
- 암반(巖盤)
지반을 이루는 단단한 바위층.

우주 宇宙

집 우 | 집 주

무한한 시간과 만물을 포함하고 있는 끝없는 공간의 총체.

No. 0576
고디모아젤
천체포켓몬
타입:에스퍼
키:1.5m 몸무게:44.0kg

사이코 파워를 발산하여 상대에게 宇宙가 끝나는 꿈을 보여 줘요. 그 꿈은 허무하고도 아름답다고 해요.

같이 알아두면 좋은 말!

宇 宙 萬 物
집 우 | 집 주 | 일만 만 | 물건 물

우주 안에 있는 모든 만물이라는 뜻으로, 세상에 존재하는 모든 것을 포함하는 말이에요.

- 천체(天體)
하늘에 있는 별, 행성, 달, 태양 따위를 이르는 말.

- 우주선(宇宙船)
우주를 탐험하거나 여행하는 비행 물체.

유빙 流氷

흐를 유 / 류   얼음 빙

물 위에 떠내려가는 얼음덩이.

No. 0363
대굴레오
손뼉포켓몬

타입: 얼음, 물
키: 0.8m   몸무게: 39.5kg

流氷의 위를 데굴데굴 굴러서 해안에 다다라요. 헤엄치기에는 불편한 체형이에요.

같이 알아두면 좋은 말!

漱石枕流
양치질할 수   돌 석   베개 침   흐를 류

돌로 이를 갈고 흐르는 물을 베개 삼는다는 뜻으로, 실수를 인정하지 않고 억지를 부림을 이르는 말이에요.

- 부빙(浮氷)
  강에서 얼음 조각을 떠냄.
- 온수(溫水)
  따뜻한 물.
- 결빙(結氷)
  물이 얼어붙음.

유충 | 幼蟲

어릴 **유** | 벌레 **충**

알에서 나온 후 아직 다 자라지 않은 벌레.

No. 0636

활화르바

횃불포켓몬

타입: 벌레, 불꽃
키: 1.1m   몸무게: 28.8kg

태양을 훔친 幼蟲이라 불렸어요. 뿔을 통해 분출하는 불꽃은 철판도 끊어 버릴 수 있어요.

같이 알아두면 좋은 말!

自 皮 生 蟲

스스로 **자** | 가죽 **피** | 날 **생** | 벌레 **충**

가죽에 난 좀이 가죽을 먹으면 가죽도 없어지고 좀도 살 수 없다는 뜻으로, 형제끼리 싸움을 비유한 말이에요.

- 유아(幼兒)
  아주 어린 아이.
- 성충(成蟲)
  완전히 성장한 곤충.
- 유년(幼年)
  어린 나이나 때.

자연 自然

스스로 **자** 그럴 **연**

사람의 힘이 더해지지 아니하고 세상에 스스로 존재하거나 우주에 저절로 이루어지는 모든 존재나 상태.

No. 0767

꼬시레

주행포켓몬

타입: 벌레, 물
키: 0.5m 몸무게: 12.0kg

상한 것이든 쓰레기든 닥치는 대로 먹어 치우는 **自然**의 청소부예요. 둥지 주변은 언제나 깨끗해요.

같이 알아두면 좋은 말!

自畫自讚

스스로 **자** 그림 **화** 스스로 **자** 기릴 **찬**

스스로 그린 그림을 스스로 칭찬한다는 뜻으로, 자신이 한 일을 스스로 자랑함을 뜻해요.

- 천연(天然)
인위적이지 않고 자연 그대로.
- 인공(人工)
사람이 만들어 낸 것.
- 자율(自律)
스스로 규칙을 지킴.

절벽 / 絶壁

끊을 **절**   벽 **벽**

바위가 깎아 세운 것처럼 아주 높이 솟아 있는 험한 낭떠러지.

No. 0207

글라이거

날전갈포켓몬

타입: 땅, 비행
키: 1.1m 몸무게: 64.8kg

깎아지른 듯한 絶壁에 집을 지어요. 한번 활공하고 나면 뛰어 오르면서 집으로 돌아가요.

같이 알아두면 좋은 말!

絶世美人

끊을 **절**   인간 **세**   아름다울 **미**   사람 **인**

세상에 비할 데 없이 아름다운 사람, 특히 뛰어난 미인을 뜻하는 말이에요.

- 단애(斷崖)
  깎아 세운 듯한 낭떠러지.
- 완만(緩慢)
  경사가 급하지 않음.
- 벽화(壁畫)
  건물이나 동굴, 무덤 따위의 벽에 그린 그림.

정상 | 頂上

정수리 정 | 윗 상

산 따위의 맨 꼭대기.

No. 0459
눈쓰개
얼음나무포켓몬
타입: 풀, 얼음
키: 1.0m 몸무게: 50.5kg

추운 계절에는 산기슭까지 내려오지만 봄이 되면 눈이 남아 있는 산 頂上으로 돌아가요.

같이 알아두면 좋은 말!

世 上 萬 事
인간 세 | 윗 상 | 일만 만 | 일 사

이 세상에 일어나는 모든 일이나 사건을 뜻해요.

- 최고(最高)
가장 높은 위치나 수준.
- 저점(低點)
가장 낮은 위치나 수준.
- 정점(頂點)
맨 꼭대기.

조류 潮流

밀물 조　　흐를 류/유

밀물과 썰물 때문에 일어나는 바닷물의 흐름.

No. 0748

더시마사리

깨비사리포켓몬

타입: 독, 물
키: 0.7m 몸무게: 14.5kg

자신의 다리로 만든 돔이 보금자리예요. 潮流를 뿔로 감지해서 주위를 살펴요.

같이 알아두면 좋은 말!

流言蜚語

흐를 유　말씀 언　날 비　말씀 어

근거 없이 떠도는 말이나 헛소문을 뜻해요.

 해류(海流)
바닷속에서 일정한 방향으로 흐르는 물의 움직임.

조위(潮位)
해수면의 높이.

조석(潮汐)
밀물과 썰물, 바닷물의 주기적인 상승과 하강.

초목 | 草木

풀 초 | 나무 목

풀과 나무를 아울러 이르는 말.

No. 0787

카푸브루루

토속신포켓몬

타입:풀, 페어리
키:1.9m 몸무게:45.5kg

큰 나무를 뽑아서 빙빙 휘둘러요. 草木을 무성하게 만들어 그 에너지를 흡수해요.

같이 알아두면 좋은 말!

緣木求魚

인연 연 | 나무 목 | 구할 구 | 물고기 어

나무에 올라가서 물고기를 구한다는 뜻으로, 도달할 수 없는 일을 억지로 하려는 어리석음을 비유하는 말이에요.

- 초수(草樹)
  풀과 나무.
- 토석(土石)
  흙과 돌.
- 초원(草原)
  풀이 나 있는 들판.

태양 太陽

클 태 / 별 양

태양계의 중심에 있으며, 지구에서 가장 가까운 별.

No. 0338
솔록
별똥별포켓몬
타입: 바위, 에스퍼
키: 1.2m 몸무게: 154.0kg

太陽의 분신이라는 소문이 도는 신종 포켓몬이에요. 몸을 회전시켜 빛을 발해요.

같이 알아두면 좋은 말!

一 陽 來 復
한 일 / 별 양 / 올 내 / 회복할 복

한 해가 가고 새해가 돌아온다는 뜻으로, 겨울이 지나 봄이 다시 오는 자연의 순환을 의미해요.

- 일광(日光) 태양에서 나오는 빛.
- 월광(月光) 달에서 나오는 빛.
- 태평(太平) 나라가 안정되어 아무 걱정 없고 평안함.

포자 | 胞子

세포 포 | 아들 자

식물이 무성 생식을 하기 위하여 형성하는 생식 세포.

No. 0047
파라섹트
버섯포켓몬

타입: 벌레, 풀
키: 1.0m 몸무게: 29.5kg

몸보다 큰 버섯이 파라섹트를 조종하고 있어요. 독 胞子를 여기저기 뿌려요.

같이 알아두면 좋은 말!

父 子 有 親

아버지 부 | 아들 자 | 있을 유 | 친할 친

오륜의 하나로 아버지와 아들 사이의 도리는 친애(친밀히 사랑함)에 있음을 이르는 말이에요.

- 아포(芽胞)
식물이 무성 생식을 하기 위하여 형성하는 생식 세포.
- 성체(成體)
다 자라서 생식 능력이 있는 동물.
- 공포(空胞)
생물의 세포질 속에 있는 물거품 모양으로 생긴 것.

폭포 瀑布

폭포 폭   베 포

절벽에서 곧장 쏟아져 내리는 물줄기.

No. 0147
미뇽
드래곤포켓몬
타입: 드래곤
키: 1.8m 몸무게: 3.3kg

세차게 떨어지는 瀑布의 보호를 받으며 탈피를 거듭해 점점 크게 자라요.

같이 알아두면 좋은 말!

布 衣 之 交
베 포   옷 의   갈 지   사귈 교

평범한 옷을 입은 평민 사이의 친한 벗이라는 뜻으로, 신분과 관계없이 진실된 우정을 나타내는 말이에요.

- 비류(飛流)
절벽에서 곧장 쏟아져 내리는 물줄기.
- 폭풍(暴風)
매우 세차게 부는 바람.

풍토 風土

바람 **풍**　　흙 **토**

어떤 지역의 기후와 토지의 상태.

No. 0026
라이츄
(알로라의 모습)
쥐포켓몬
타입: 전기, 에스퍼
키: 0.7m　몸무게: 21.0kg

알로라지방의 기후와 風土 그리고 먹이가 이런 모습으로 진화하게 된 원인으로 여겨지고 있어요.

같이 알아두면 좋은 말!

極 樂 淨 土
극진할 **극**　즐거울 **락**　깨끗할 **정**　흙 **토**

불교에서 최고의 행복과 깨끗함이 가득한 이상 세계를 뜻해요.

- 인조(人造)
  사람이 만듦.
- 소풍(逍風)
  휴식을 취하기 위해서 야외에 나갔다 오는 일.

해변 海邊

바다 해 가 변

바닷물과 땅이 서로 닿은 곳이나 그 근처.

No. 0098
크랩
게포켓몬
타입: 물
키: 0.4m 몸무게: 6.5kg

모래 海邊에 구멍을 파서 살아요. 집게는 싸울 때 떨어져 나가도 다시 자라나 원래대로 돌아와요.

같이 알아두면 좋은 말!

人海戰術
사람 인 바다 해 싸움 전 재주 술

많은 병력을 투입하여 그 수의 힘으로 공격한다는 뜻이에요.

- 해안(海岸)
바다와 육지가 만나는 곳.
- 내륙(內陸)
바다에서 멀리 떨어져 있는 육지.
- 해수욕장(海水浴場)
물놀이를 할 수 있는 바닷가.

혹한 | 酷寒

독할 **혹** | 찰 **한**

몹시 심한 추위.

No. 0712

꽁어름

얼음덩이포켓몬

타입: 얼음
키: 1.0m 몸무게: 99.5kg

酷寒의 산악 지대에 살지만 드물게 크레베이스의 등에 올라 바다를 건너 거처를 옮기기도 해요.

같이 알아두면 좋은 말!

脣 亡 齒 寒

 입술 **순** 망할 **망** 이 **치** 찰 **한**

입술이 없으면 이가 시리다는 뜻으로,
서로 떨어질 수 없는 밀접한 관계를 비유하는 말이에요.

 동장군(冬將軍)
혹독한 겨울 추위를 비유적으로 이르는 말.

 폭염(暴炎)
매우 심한 더위.

🔵 한랭(寒冷)
날씨 따위가 춥고 참.

화산 火山

불 화 　　 메 산

땅속에 있는 가스, 마그마 따위가 지각의 터진 틈을 통하여 땅으로 분출하는 지점이나 그 결과로 생기는 구조.

No. 0323
폭타
분화포켓몬
타입: 불꽃, 땅
키: 1.9m 몸무게: 220.0kg

火山의 분화구에서 생활해요. 10년마다 등의 혹이 대분화하는 것으로 유명해요.

같이 알아두면 좋은 말!

薪　盡　火　滅
땔나무 신　다할 진　불 화　다할 멸

나무가 다 타서 없어지고 불이 꺼졌다는 뜻으로, 사람의 죽음이나 사물의 멸망을 이르는 말이에요.

● 빙산(氷山)
빙하에서 떨어져 나와 호수나 바다에 흘러 다니는 얼음덩어리.

● 부산(釜山)
경상남도 동남부에 있는 광역시.

숨겨진 이름을 찾아라!

보기의 낱말을 아래에서 찾아 ○해 보세요.

보기: 프리지오, 눈설왕, 꼬시레, 미뇽, 폭타

베	봉	보	석	구	정	비	문
논	몬	미	뇽	터	남	포	사
쫀	스	건	라	국	놈	켓	폭
츄	터	전	이	꼬	윤	몬	타
프	림	지	너	시	형	스	회
리	하	챠	스	레	진	터	사
지	피	카	전	기	탄	방	악
오	루	눈	설	왕	호	전	기

4장

하나둘셋 수학

거리 距離

떨어질 **거**   떠날 **리**

일정한 시간 동안에 이동할 만한 공간적 간격. 또는 두 개의 물건이나 장소 따위가 공간적으로 떨어진 길이.

No. 0391

파이숭이

개구쟁이포켓몬

타입:불꽃, 격투
키:0.9m 몸무게:22.0kg

꼬리의 불꽃 세기를 잘 컨트롤하여 자신에게 맞는 距離를 두고 싸워요.

같이 알아두면 좋은 말!

支 離 滅 裂

지탱할 **지**   떠날 **리**   다할 **멸**   찢을 **렬**

이리저리 흩어져 갈피를 잡을 수 없음을 이르는 말이에요.

 간격(間隔)
두 대상 사이의 공간이나 시간적인 간격.

 근접(近接)
거리나 간격이 매우 가까운 상태.

🔵 상거(相距)
서로 떨어짐.

공간 空間

빌 공 · 사이 간

아무것도 없는 빈 곳. 또는 영역이나 세계를 이르는 말.

No. 0402

귀뚤톡크

귀뚜라미포켓몬

타입: 벌레
키: 1.0m 몸무게: 25.5kg

몸 안에 있는 빈 空間으로 소리를 메아리치게 해 아름다운 울음소리가 돼요.

같이 알아두면 좋은 말!

弘益人間

클 홍 · 더할 익 · 사람 인 · 사이 간

널리 인간 세상을 이롭게 한다는 뜻으로, 모든 사람을 이롭게 하는 큰 뜻을 의미해요.

- 영역(領域): 어떤 범위나 구역, 공간.
- 공허(空虛): 텅 비고 아무것도 없는 상태.

교차 交叉

사귈 **교**   갈래 **차**

서로 엇갈리거나 마주침.

No. 0051
닥트리오
두더지포켓몬

타입: 땅
키: 0.7m 몸무게: 33.3kg

3개의 머리가 交叉하며 움직이는 것은 주변의 흙을 부드럽게 해 파기 쉽게 하기 위해서예요.

같이 알아두면 좋은 말!

芝 蘭 之 交
지초 **지**   난초 **란**   갈 **지**   사귈 **교**

좋은 친구 사이의 깊고 고귀한 관계를 뜻해요.

- 교접(交接)
서로 닿아서 접촉함.
- 분리(分離)
서로 떨어져 분리되는 상태.
- 요차(了叉)
팔짱을 낌.

구별 區別

구분할 **구** ・ 나눌 **별**

성질이나 종류에 따라 차이가 남.
또는 성질이나 종류에 따라 갈라놓음.

No. 0184
마릴리
물토끼포켓몬
타입: 물, 페어리
키: 0.8m 몸무게: 28.5kg

긴 귀는 뛰어난 센서예요. 물 속의 소리를 區別하여 무엇이 움직이는지 알 수 있어요.

같이 알아두면 좋은 말!

千 差 萬 別
일천 **천** 다를 **차** 일만 **만** 나눌 **별**

수많은 차이와 다양함이 있다는 뜻이에요.

- 식별(識別)
  사물이나 현상을 구분하여 알아차리는 것.
- 혼동(混同)
  구별하지 못하고 뒤섞어서 생각함.
- 구역(區域)
  구별된 특정 지역이나 범위.

규칙 規則

법規 　 법칙則

여러 사람이 다 같이 지키기로 작정한 법칙. 또는 제정된 질서.

No. 0163
부우부
부엉이포켓몬
타입: 노말, 비행
키: 0.7m　몸무게: 21.2kg

체내의 시간 감각은 어느 때든 정확해서 規則적인 리듬으로 목을 기울여요.

같이 알아두면 좋은 말!

必 死 則 生
반드시 필　죽을 사　곧 즉　날 생

죽을 각오로 싸우면 반드시 살 수 있다는 뜻으로, 이순신 장군이 남긴 말이에요.

- 법칙(法則)
자연이나 사회에서 일정하게 지켜지는 법.
- 무질서(無秩序)
규칙이나 질서가 없는 상태.
- 규모(規模)
어떤 일이나 대상의 크기나 범위.

반복 反復

돌이킬 **반**   회복할 **복**

같은 일을 되풀이함.

No. 0296

마크탕
근성포켓몬

타입: 격투
키: 1.0m 몸무게: 86.4kg

힘든 수행을 反復하며 강해져요. 어떤 공격도 참아내는 근성의 포켓몬이에요.

같이 알아두면 좋은 말!

名 譽 回 復
이름 **명** 기릴 **예** 돌아올 **회** 회복할 **복**

잃었던 명예를 다시 찾는다는 뜻이에요.

- 재현(再現)
다시 나타남.
- 일회성(一回性)
단 한 번만 일어나는 성질.
- 반항(反抗)
다른 사람이나 대상에 맞서 대들거나 반대함.

범위 範圍

법 범 · 에워쌀 위

일정하게 한정된 영역.

No. 0111

뿔카노
뿔포켓몬

타입:땅, 바위
키:1.0m 몸무게:115.0kg

반경 10km의 範圍를 영역으로 삼고 있으나, 달리다 보면 영역을 잊어버린다고 해요.

같이 알아두면 좋은 말!

圍棋十訣
에워쌀 위 · 바둑 기 · 열 십 · 이별할 결

바둑을 두는 데 꼭 명심해야 할 열 가지 비결을 이르는 말이에요.

- 구역(區域): 갈라놓은 지역.
- 무한(無限): 수, 공간, 시간 등이 한계가 없음.
- 모범(模範): 본받아 배울 만한 대상.

부분 部分

나눌 부 나눌 분

전체를 이루는 작은 범위. 또는 전체를 몇 개로 나눈 것의 하나.

No. 0591

뽀록나

버섯포켓몬

타입: 풀, 독
키: 0.6m 몸무게: 10.5kg

내뿜는 독 포자를 조심해야 해요. 포자에 닿은 部分에서 뽀록나의 갓을 닮은 버섯이 자라기 때문이에요.

같이 알아두면 좋은 말!

大義名分

클 대 옳을 의 이름 명 나눌 분

사회나 개인이 지켜야 할 가장 중요한 도리나 이유를 뜻해요.

🔴 **단편(斷片)**
끊어지거나 쪼개진 조각.

🔴 **총체(總體)**
있는 것들을 모두 하나로 합친 전부.

🔴 **분배(分配)**
어떤 것을 여러 부분으로 나누어 나눠 줌.

분별 分別

나눌 **분**　나눌 **별**

서로 다른 일이나 사물을 구별하여 가름.

No. 0164
야부엉
부엉이포켓몬
타입:노말, 비행
키:1.6m　몸무게:40.8kg

양쪽 눈이 특수한 구조예요. 적은 양의 빛이라도 잘 모아 어둠 속에서도 주위를 **分別**해요.

같이 알아두면 좋은 말!

思理分別
생각 **사**　다스릴 **리**　나눌 **분**　나눌 **별**

일의 이치를 잘 판단하여 분별하는 능력을 뜻해요.

- 식별(識別)
  사물을 구별하여 판단하는 것.
- 혼합(混合)
  뒤섞어서 한데 합함.
- 분할(分割)
  나누어 쪼갬.

시간 時間

때 시 / 사이 간

일이 일어나는 때와 그 순서.

No. 0483
디아루가
시간포켓몬
타입: 강철, 드래곤
키: 5.4m 몸무게: 683.0kg

時間을 조종하는 힘을 가지고 있어요. 신오지방에서는 신이라고 불리며 신화에 등장해요.

같이 알아두면 좋은 말!

時機尚早
때 시 / 틀 기 / 오히려 상 / 이를 조

때가 아직 이르다는 뜻으로, 어떤 일을 하기에는 시기가 적절하지 않음을 뜻해요.

- 시각(時刻) 특정한 순간이나 시간.
- 영속(永續) 영원히 계속함.
- 시기(時期) 적당한 때나 기회.

연속 連續

잇닿을 연 | 이을 속

끊이지 아니하고 이어지거나 지속함.

No. 0620
비조도
무술포켓몬
타입: 격투
키:1.4m 몸무게:35.5kg

기묘한 울음소리를 낸다면 위험해요. 눈에 보이지도 않는 킥과 촙의 連續 공격이 시작돼요.

같이 알아두면 좋은 말!

連戰連勝
잇닿을 연 | 싸움 전 | 잇닿을 연 | 이길 승

싸울 때마다 계속 이긴다는 뜻이에요.

- 계속(繼續)
  끊이지 않고 이어지는 상태.
- 중단(中斷)
  중도에서 끊어지거나 끊음.
- 연결(連結)
  서로 이어져 연결되는 상태.

응용 應用

응할 응   쓸 용

어떤 이론이나 이미 얻은 지식을 구체적인 개개의 사례나 다른 분야의 일에 적용하여 이용함.

No. 0685
나루림
휩포켓몬
타입: 페어리
키: 0.8m 몸무게: 5.0kg

체취로 몸과 마음의 상태를 알아내요. 의료계에서 應用될 것으로 기대되고 있어요.

같이 알아두면 좋은 말!

首尾相應
머리 수   꼬리 미   서로 상   응할 응

처음과 끝이 서로 잘 맞아 떨어진다는 뜻으로, 일의 시작과 끝이 일치하여 조화를 이루는 상태를 의미해요.

● 활용(活用)
도구나 물건 따위를 충분히 잘 이용함.

● 무용(無用)
쓸모가 없음.

● 용도(用度)
돈이나 물건 혹은 마음 따위를 쓰는 형편.

일부 一部

한 **일**   거느릴 **부**

한 부분. 또는 전체를 여럿으로 나눈 얼마.

No. 0060
발챙이
올챙이포켓몬
타입: 물
키: 0.6m   몸무게: 12.4kg

배의 소용돌이는 피부 너머로 비쳐 보이는 내장의 一部예요. 먹이를 먹으면 선명하게 보여요.

같이 알아두면 좋은 말!

一 言 半 句

한 **일**   말씀 **언**   반 **반**   글귀 **구**

한 마디 말과 반 구절이라는 뜻으로, 아주 짧은 말을 이르는 말이에요.

- 부문(部門)
  일정한 기준에 따라 분류하거나 나누어 놓은 낱낱의 범위.
- 전부(全部)
  어떤 대상을 이루는 낱낱을 모두 합친 것.
- 통일(統一)
  나누어진 것들을 합쳐서 하나로 모이게 함.

전체 / 全體

온전할 **전** 　　 몸 **체**

개개 또는 부분의 집합으로 구성된 것을 몰아서 하나의 대상으로 삼는 경우에 바로 그 대상.

No. 0130
갸라도스
흉악포켓몬
타입: 물, 비행
키: 6.5m 몸무게: 235.0kg

한번 모습을 나타내면 주변 全體를 태워 버리지 않고는 분노가 가라앉지 않는다고 전해져요.

같이 알아두면 좋은 말!

絶 體 絶 命
끊을 **절**　몸 **체**　끊을 **절**　목숨 **명**

몸과 목숨이 다 끊어진다는 뜻으로, 절박하고 벗어날 수 없는 매우 위급한 상황을 의미해요.

- 총체(總體)
  있는 것들을 모두 하나로 합친 전부 또는 전체.
- 분절(分節)
  사물을 마디로 나눔.
- 전원(全員)
  소속된 인원 전체.

정도 程度

한도 **정**   법도 **도**

그만큼가량의 분량.

No. 0050
디그다
두더지포켓몬
타입:땅
키:0.2m 몸무게:0.8kg

지하 1m 程度를 파고들어가서 나무뿌리 등을 씹어 먹고 살아요. 가끔 지상으로 얼굴을 내밀어요.

같이 알아두면 좋은 말!

鵬 程 萬 里
붕새 **붕**   한도 **정**   일만 **만**   마을 **리**

큰 새가 먼 길을 날아간다는 뜻으로, 앞으로의 길이 매우 멀고 넓으며 성공할 길이 창창함을 의미해요.

● 한도(限度)
정한 정도. 또는 한정된 정도.

● 과다(過多)
너무 많음.

● 습도(濕度)
공기 가운데 수증기가 들어 있는 정도.

직선 | 直線

곧을 **直** 줄 **線**

꺾이거나 굽은 데가 없는 곧은 선.

No. 0264
직구리
돌진포켓몬
타입: 노말
키: 0.5m 몸무게: 32.5kg

시속 100km로 먹이를 덮치지만 直線으로만 달릴 수 있어서 실패할 때도 많아요.

같이 알아두면 좋은 말!

以 實 直 告
써 **以** 열매 **實** 곧을 **直** 고할 **告**

사실 그대로 이야기한다는 뜻이에요.

- 직행(直行)
다른 곳에 머무르거나 들르지 아니하고 바로 감.
- 곡선(曲線)
모나지 아니하고 부드럽게 굽은 선.
- 직진(直進)
곧게 나아감.

최대 最大

가장 최 | 클 대

수나 양, 정도 따위가 가장 큼.

No. 0106
시라소몬
킥포켓몬
타입: 격투
키: 1.5m 몸무게: 49.8kg

발차기가 적중하는 순간에 발바닥의 근육을 단단하게 하여 위력을 最大로 끌어올려요.

같이 알아두면 좋은 말!

立 春 大 吉

설 입 | 봄 춘 | 클 대 | 길할 길

봄이 시작되는 입춘에 큰 길운이 함께하라는 뜻으로, 새해의 좋은 운과 번영을 기원하는 인사말이에요.

- 극대(極大)
  더할 수 없이 큼.
- 최소(最小)
  수나 정도 따위가 가장 작음.
- 최신(最新)
  가장 새로움.

평균 平均

평평할 평 · 고를 균

여러 사물의 질이나 양 따위를 통일적으로 고르게 한 것.

No. 0567

아케오스
최초새포켓몬

타입: 바위, 비행
키: 1.4m 몸무게: 32.0kg

날 수도 있었지만 대부분 지상을 뛰어다녔어요. 그 시속은 平均 40km예요.

같이 알아두면 좋은 말!

天下太平
하늘 천 · 아래 하 · 클 태 · 평평할 평

온 세상이 평안하고 태평한 상태를 뜻해요.

- **평준(平準)**: 수준이나 상태가 고르게 맞춰져 있는 것.
- **불균형(不均衡)**: 균형이 맞지 않고 고르지 않은 상태.
- **평화(平和)**: 평안하고 조화로운 상태.

퍼즐을 맞춰라!

빈 곳에 들어갈 알맞은 퍼즐 조각을 찾아 ○ 해 보세요.

5장
또박또박 국어

고속 高速

높을 고 · 빠를 속

매우 빠른 속도.

No. 0544

휠구

눈썹지네포켓몬

타입: 벌레, 독
키: 1.2m 몸무게: 58.5kg

高速으로 회전해 상대에게 돌격해요. 최고 시속은 약 100km에 달해요.

같이 알아두면 좋은 말!

事 貴 神 速
일 사 · 귀할 귀 · 귀신 신 · 빠를 속

일은 신기할 만큼 빠르게 하는 것이 중요하다는 뜻이에요.

- 속도(速度)
물체가 움직이는 빠르기.
- 저속(低速)
느린 속도.
- 고가(高價)
높은 가격.

과거 過去

지날 과　　갈 거

이미 지나간 때. 또는 지나간 일이나 생활.

No. 0695
일레도리자드
발전포켓몬
타입: 전기, 노말
키: 1.0m　몸무게: 21.0kg

過去에 멸망한 사막 나라에서 소중하게 여겼어요. 보물과 함께 가라르지방에 오게 됐어요.

같이 알아두면 좋은 말!

去 者 必 返
갈 거　놈 자　반드시 필　돌아올 반

떠난 자는 반드시 돌아온다는 뜻으로, 한 번 떠난 사람이나 일이 결국 다시 돌아온다는 의미예요.

- 회고(回顧)
  지난 일을 돌아보는 것.
- 현재(現在)
  지금 이 순간이나 상태.
- 과오(過誤)
  부주의나 태만 따위에서 비롯된 잘못이나 허물.

도망 逃亡

도망할 **도** 망할 **망**

피하거나 쫓기어 달아남.

No. 0116
쏘드라
드래곤포켓몬
타입: 물
키: 0.4m 몸무게: 8.0kg

커다란 상대에게 습격당해도 발달한 등지느러미를 사용해 수중에서 자유롭게 逃亡쳐요.

같이 알아두면 좋은 말!

夜 半 逃 走
밤 **야** 가운데 **반** 도망할 **도** 달릴 **주**

한밤중에 몰래 도망친다는 뜻으로, 위험하거나 불리한 상황에서 슬쩍 달아남을 말해요.

- 도피(逃避)
도망하여 몸을 피함.
- 포획(捕獲)
동물이나 사람을 잡음.
- 망명(亡命)
나라를 떠나 다른 곳으로 피난감.

모양 / 模樣

법 **模** 모양 **樣**

겉으로 나타나는 생김새나 모습.

No. 0197
블래키
달빛포켓몬
타입: 악
키: 1.0m 몸무게: 27.0kg

달의 파동을 몸에 쬐면 고리 **模樣**이 희미하게 빛나며 이상한 힘에 눈을 떠요.

같이 알아두면 좋은 말!

曖昧模糊

희미할 **애** 어두울 **매** 법 **모** 죽 **호**

분명하지 않고 흐릿하여 확실히 알기 어려운 상태를 뜻해요.

- 광경(光景): 벌어진 일의 형편과 모양.
- 무형(無形): 형상이나 형체가 없음.
- 모범(模範): 본받아 배울 만한 대상.

목표 目標

눈 목 · 우듬지 표

어떤 목적을 이루려고 지향하는 실제적 대상으로 삼음. 또는 그 대상.

No. 0128
켄타로스
성난소포켓몬
타입: 노말
키: 1.4m 몸무게: 88.4kg

目標를 정하면 꼬리로 몸을 채찍질하면서 똑바로 돌진해요.

같이 알아두면 좋은 말!

一 目 瞭 然
한 일 · 눈 목 · 밝을 요 · 불탈 연

한 번에 뚜렷하게 알아볼 수 있다는 뜻으로, 매우 명확하고 이해하기 쉬움을 말해요.

● 목적(目的)
실현하려고 하는 일이나 나아가는 방향.

● 방황(彷徨)
분명한 방향이나 목표를 정하지 못하고 갈팡질팡함.

● 표적(標的)
목표로 삼는 대상.

미숙 未熟

아닐 **미** | 익을 **숙**

일 따위에 익숙하지 못하여 서투름.

No. 0329
비브라바
진동포켓몬
타입: 땅, 드래곤
키: 1.1m 몸무게: 15.3kg

未熟한 날개는 나는 것보다는 비벼서 발생하는 초음파로 적을 공격하는 데 사용해요.

같이 알아두면 좋은 말!

前代未聞
앞 **전** | 시대 **대** | 아닐 **미** | 들을 **문**

이전 시대에는 들어 본 적이 없다는 뜻으로, 아주 드물거나 전혀 새로운 일을 말해요.

- 초보(初步)
학문이나 기술 따위를 익힐 때의 그 처음 단계나 수준.

- 숙련(熟練)
어떤 일을 잘할 수 있도록 충분히 익힘.

- 성숙(成熟)
어른스럽게 됨.

보물 寶物

보배 보 | 물건 물

썩 드물고 귀한 가치가 있는 보배로운 물건.

No. 0263
지그제구리
앙증너구리포켓몬
타입: 노말
키: 0.4m 몸무게: 17.5kg

지그재그로 걸어서 풀숲이나 땅에 묻혀 있는 寶物을 찾아내는 것이 특기인 포켓몬이에요.

같이 알아두면 좋은 말!

文 房 四 寶
글월 문 · 방 방 · 넉 사 · 보배 보

글을 쓸 때 꼭 필요한 네 가지 보물이라는 뜻으로, 붓, 먹, 종이, 벼루를 말해요.

- 국보(國寶)
나라에서 지정한 가장 귀중한 보물.
- 폐물(廢物)
쓸모없게 된 물건.
- 화물(貨物)
실어 나르는 물건.

보호 保護

지킬 보 　 도울 호

위험이나 곤란 따위가 미치지 아니하도록 잘 보살펴 돌봄.

No. 0651

도치보구

가시갑옷포켓몬

타입: 풀
키: 0.7m　몸무게: 29.0kg

몸을 保護하는 튼튼한 껍질은 상당히 무겁기 때문에 자연스럽게 하체가 단련돼요.

같이 알아두면 좋은 말!

隨 事 斗 護
따를 수　일 사　말 두　도울 호

모든 일을 일일이 돌보아 준다는 뜻이에요.

- 수호(守護)
  지키고 보호함.
- 방치(放置)
  돌보지 않고 내버려 둠.
- 보관(保管)
  어떤 물건을 맡아서 잘 지킴.

비밀 祕密

숨길 비 / 빽빽할 밀

숨기어 남에게 드러내거나 알리지 말아야 할 일.

No. 0388

수풀부기
나무숲포켓몬

타입: 풀
키: 1.1m 몸무게: 97.0kg

숲에서 사는 수풀부기는 아름다운 샘물이 있는 자신만의 祕密 장소를 갖고 있다고 해요.

같이 알아두면 좋은 말!

奧密稠密
깊을 오 / 빽빽할 밀 / 빽빽할 조 / 빽빽할 밀

매우 자상스럽고 꼼꼼한 모양을 뜻해요.

- 암호(暗號)
  내용을 감추기 위해 정해 놓은 특별한 표시나 글자.
- 공개(公開)
  모두에게 밝힘.
- 비책(祕策)
  아무도 모르게 숨긴 계책.

비축 備蓄

갖출 비 모을 축

만약의 경우를 대비하여 미리 갖추어 모아 두거나 저축함.

No. 0819
탐리스
볼가득포켓몬
타입: 노말
키: 0.3m 몸무게: 2.5kg

볼에 나무열매를 備蓄해요. 나무열매가 없어서 입이 심심할 때는 조약돌을 물면서 견뎌요.

같이 알아두면 좋은 말!

才 色 兼 備
재주 재 / 빛 색 / 겸할 겸 / 갖출 비

뛰어난 재능과 미모를 갖춘 여성을 이르는 말이에요.

- 축적(蓄積) 모아서 쌓아 둠.
- 소비(消費) 써서 없앰.
- 준비(準備) 미리 갖추어 마련함.

상처 傷處

다칠 상 · 곳 처

몸을 다쳐서 부상을 입은 자리. 또는 피해를 입은 흔적.

No. 0594
맘복치
돌보기포켓몬

타입: 물
키: 1.2m 몸무게: 31.6kg

傷處 입거나 약해진 포켓몬을 지느러미로 부드럽게 안으며 특수한 점막으로 치료해요.

같이 알아두면 좋은 말!

中傷謀略
가운데 중 · 다칠 상 · 꾀 모 · 다스릴 략

남을 헐뜯고 해치려는 거짓된 꾀나 계략을 뜻해요.

- 부상(負傷)
  몸에 상처를 입음.
- 회복(回復)
  원래의 상태로 돌이키거나 원래의 상태를 되찾음.
- 상심(傷心)
  슬픔이나 걱정 따위로 속을 썩임.

신비 | 神祕

귀신 **신**　　숨길 **비**

일이나 현상 따위가 상식으로는 이해할 수 없을 만큼 신기하고 묘함.

No. 0442

화강돌

봉인포켓몬

타입: 고스트, 악
키: 1.0m　몸무게: 108.0kg

항상 나쁜 짓만 하고 있었기에 神祕한 술법에 의해 본 모습을 쐐기돌에 속박당했어요.

같이 알아두면 좋은 말!

土 亭 祕 訣

흙 **토**　정자 **정**　숨길 **비**　이별할 **결**

조선 시대 토정 이지함이 지었다고 전해지는 책으로, 한 해의 운수를 점치는 책이나 그 점괘를 말해요.

- 오묘(奧妙)
  심오하고 묘함.
- 명백(明白)
  분명하고 뚜렷함.
- 신령(神靈)
  신과 같이 신비로운 존재.

실패 失敗

잃을 **실**   패할 **패**

일을 잘못하여 뜻한 대로 되지 아니하거나 그르침.

No. 0430
돈크로우
큰형님포켓몬
타입: 악, 비행
키: 0.9m   몸무게: 27.3kg

인정사정 없는 성격. 부하인 니로우의 **失敗**는 절대 용서하지 않는다고 전해져요.

같이 알아두면 좋은 말!

敗 家 亡 身
패할 **패**   집 **가**   망할 **망**   몸 **신**

집안이 망하고 몸도 망한다는 뜻으로, 모든 것을 잃고 큰 불행에 빠지는 것을 뜻해요.

 실수(失手)
조심하지 아니하여 잘못함.

성공(成功)
원하는 목표를 이루거나 일이 잘 됨.

실종(失踪)
갑자기 사라져서 종적을 알 수 없음.

영양 | 營養

경영할 영 | 기를 양

생물이 에너지와 몸을 구성하는 성분을 외부에서 받아들여 소화, 흡수, 순환, 호흡, 배설하는 과정. 또는 그에 필요한 성분.

No. 0515

앗차프
물뿌리기포켓몬

타입: 물
키: 0.6m 몸무게: 13.5kg

머리 송아리에 모은 물은 營養 듬뿍. 꼬리를 사용해서 그 물을 초목에 뿌려요.

같이 알아두면 좋은 말!

憑公營私

기댈 빙 | 공평할 공 | 경영할 영 | 사사 사

공적인 일을 맡아 하면서 사적인 이익을 꾀한다는 뜻이에요.

 기아(飢餓)
먹을 것이 없어 배가 고픈 상태.

양분(養分)
영양이 되는 성분.

영원 永遠

길 **영** | 멀 **원**

어떤 상태가 끝없이 이어짐. 또는 시간을 초월하여 변하지 아니함.

No. 0250

칠색조
무지개색포켓몬
타입: 불꽃, 비행
키: 3.8m 몸무게: 199.0kg

무지개색 날개를 가지고 있어요. 칠색조를 본 사람은 永遠한 행복이 약속된다고 해요.

같이 알아두면 좋은 말!

不遠千里
아닐 **불** | 멀 **원** | 일천 **천** | 마을 **리**

천 리 길도 멀다고 여기지 않는다는 뜻으로, 목적을 이루기 위해 힘든 일이나 먼 길도 마다하지 않음을 말해요.

- 불멸(不滅) 없어지거나 사라지지 아니함.
- 순간(瞬間) 아주 짧은 시간.
- 영속(永續) 끊임없이 이어짐.

요정 妖精

요사할 요   정할 정

서양 전설이나 동화에 많이 나오는, 사람의 모습을 하고 불가사의한 마력을 지닌 초자연적인 존재.

No. 0036

픽시

요정포켓몬

타입: 페어리
키: 1.3m   몸무게: 40.0kg

妖精의 일종으로 모습을 드러내는 것을 좋아하지 않아요. 조용한 산속 깊은 곳에 산다고 전해져요.

같이 알아두면 좋은 말!

精 神 一 到
정할 정   귀신 신   한 일   이를 도

마음과 정성을 한곳에 모으면 어떤 일도 이룰 수 있다는 뜻이에요.

- 선녀(仙女)
하늘나라에 산다고 하는 아름다운 여자 신령.
- 마귀(魔鬼)
요사스럽고 못된 잡귀를 통틀어 이르는 말.
- 요괴(妖怪)
요사스러운 귀신.

원인 原因

언덕 원 | 인할 인

어떤 사물이나 상태를 변화시키거나 일으키게 하는 근본이 된 일이나 사건.

No. 0139
암스타
소용돌이포켓몬
타입: 바위, 물
키: 1.0m 몸무게: 35.0kg

나선형의 껍질이 너무 커져 버린 것이 原因으로 멸종했다고 여겨지고 있어요.

같이 알아두면 좋은 말!

天生因緣
하늘 천 | 날 생 | 인할 인 | 인연 연

하늘이 정해준 특별한 인연이라는 뜻이에요.

- 유인(誘因)
  어떤 일을 일으키게 만드는 요인.
- 결말(結末)
  어떤 일이나 사건의 마지막이나 끝.
- 원래(原來)
  처음부터 그랬던 상태.

음식 飮食

마실 **飮**　　먹을 **食** / 먹이 **사**

사람이 먹을 수 있도록 만든, 밥이나 국 따위의 물건.

No. 0761

달콤아

후르츠포켓몬

타입: 풀
키: 0.3m　몸무게: 3.2kg

과일을 졸인 것만 같은 달콤한 땀을 흘리기 때문에, 달콤한 飮食이 적었던 옛날에는 매우 귀하게 여겨졌어요.

같이 알아두면 좋은 말!

簞 食 瓢 飮

소쿠리 **단**　먹이 **사**　바가지 **표**　마실 **음**

대나무 그릇에 담은 밥, 표주박에 든 물이라는 뜻으로 소박하고 청빈한 생활을 뜻해요.

- **식사(食事)**
  밥이나 음식을 먹는 일.
- **단식(斷食)**
  음식을 끊고 먹지 않음.
- **식품(食品)**
  사람이 일상적으로 섭취하는 음식물을 통틀어 이르는 말.

자극 刺戟

찌를 자 · 창 극

어떠한 작용을 주어 감각이나 마음에 반응이 일어나게 함. 또는 그런 작용을 하는 사물.

No. 0309
썬더라이
천둥번개포켓몬
타입: 전기
키: 0.6m 몸무게: 15.2kg

털에 모은 전기를 써서 근육을 **刺激**함으로써 순발력을 높여요.

같이 알아두면 좋은 말!

亡 戟 得 矛

망할 망 · 창 극 · 얻을 득 · 창 모

창을 잃었지만, 창을 다시 얻는다는 뜻으로, 손해도 없고 이득도 없다는 의미예요.

🔘 유발(誘發)
어떤 일이 원인이 되어 다른 일을 일어나게 함.

🔘 완화(緩和)
세거나 강한 자극이 누그러짐.

🔘 풍자(諷刺)
남의 결점을 다른 것에 빗대어 비웃으면서 폭로하고 공격함.

전달 傳達

전할 전 · 통달할 달

자극, 신호, 동력 따위가 다른 기관에 전하여짐. 또는 지시, 명령, 물품 따위를 다른 사람이나 기관에 전하여 이르게 함.

No. 0424
겟핸보숭
긴꼬리포켓몬
타입: 노말
키: 1.2m 몸무게: 20.3kg

큰 나무 위에서 살아요. 동료와 꼬리를 이으면 기분을 傳達할 수 있다고 전해져요.

같이 알아두면 좋은 말!

四通八達
넉 사 · 통할 통 · 여덟 팔 · 통달할 달

여러 방면에 능통하거나, 길이나 교통망이 매우 발달되어 있음을 말해요.

- 전파(傳播)
어떤 내용을 널리 퍼뜨려 알림.
- 차단(遮斷)
중간에서 막아 전달되지 못하게 함.
- 전승(傳承)
전하여 물려줌.

주의 注意
부을 주 / 뜻 의

마음에 새겨 두고 조심함.
또는 어떤 한곳이나 일에 관심을 집중하여 기울임.

No. 0519
콩둘기
아기비둘기포켓몬
타입:노말, 비행
키:0.3m 몸무게:2.1kg

사람이 사는 곳에 나타나요. 먹이를 뿌려주면 수백 마리가 모여들기 때문에 注意해야 해요.

같이 알아두면 좋은 말!

得意揚揚
얻을 득 / 뜻 의 / 날릴 양 / 날릴 양

마음먹은 대로 일이 잘되어서 우쭐거리며 뽐내는 모습이라는 뜻이에요.

- 각성(覺醒)
  깨어 정신을 차림.
- 방심(放心)
  마음을 놓고 경계를 풀어버림.
- 주문(注文)
  상품의 생산이나 배송, 서비스 제공을 요구하거나 청구함. 또는 그런 요구.

지능 知能

알 **지** · 능할 **능**

계산이나 문장 작성 따위의 지적 작업에서, 성취 정도에 따라 정하여지는 적응 능력.

No. 0513
바오프
고온포켓몬
타입: 불꽃
키: 0.6m 몸무게: 11.0kg

知能이 높고 나무열매는 구운 뒤 먹는 습성이 있어요. 사람 도와주기를 좋아해요.

같이 알아두면 좋은 말!

能手 능할 **능** · 손 **수**
能爛 능할 **능** · 빛날 **란**

어떤 일에 아주 익숙하고 솜씨가 뛰어남을 뜻해요.

- 총명(聰明): 똑똑하고 이해력이 빠름.
- 우둔(愚鈍): 어리석고 둔함.
- 지식(知識): 어떤 사실이나 정보를 아는 것.

진실 眞實

참 **眞**   열매 **實**

거짓이 없는 사실. 또는 마음에 거짓이 없이 순수하고 바름.

No. 0643
레시라무
백양포켓몬

타입 : 드래곤, 불꽃
키 : 3.2m   몸무게 : 330.0kg

불꽃으로 세상을 태워버릴 수 있는 전설의 포켓몬. 眞實의 세계를 구축하는 사람을 도와줘요.

같이 알아두면 좋은 말!

醉 中 眞 談

취할 **취**   가운데 **중**   참 **진**   말씀 **담**

술에 취했을 때 무심코 하는 말이지만, 속마음에서 우러나온 진실된 말이라는 뜻이에요.

- 진리(眞理)
  거짓이 없는 참된 이치.
- 가식(假飾)
  참되지 않고 거짓으로 꾸밈.
- 진심(眞心)
  참된 마음.

추월 追越

쫓을 **추** 넘을 **월**

뒤에서 따라잡아서 앞의 것보다 먼저 나아감.

No. 0381
라티오스
무한포켓몬
타입 : 드래곤, 에스퍼
키 : 2.0m 몸무게 : 60.0kg

높은 지능을 가진 포켓몬이에요. 팔을 접어 날면 제트기를 追越할 만큼 빨라요.

같이 알아두면 좋은 말!

吳越同舟
나라 이름 **오** 넘을 **월** 한가지 **동** 배 **주**

서로 적대하는 상대가 같은 배에 탄다는 뜻으로, 원수끼리도 어려운 상황에서는 협력함을 말해요.

- 추격(追擊)
앞서가는 대상을 뒤쫓아 따라잡음.
- 탈락(脫落)
뒤처지거나 떨어져 나감.
- 월등(越等)
수준이 정도 이상으로 뛰어나게.

충격 衝擊

찌를 **충** 칠 **격**

물체에 급격히 가하여지는 힘. 또는 슬픈 일이나 뜻밖의 사건 따위로 마음에 받은 심한 자극이나 영향.

No. 0294

노공룡

큰목소리포켓몬

타입: 노말
키: 1.0m 몸무게: 40.5kg

큰 소리의 衝擊파로 트럭을 뒤집어 버려요. 발을 쿵쾅거리며 파워를 올려요.

같이 알아두면 좋은 말!

聲東擊西
소리 **성** 동녘 **동** 칠 **격** 서녘 **서**

동쪽에서 소리를 내고 서쪽에서 친다는 뜻으로, 상대를 속이기 위해 거짓으로 행동하여 진짜 목적을 감추는 전략을 말해요.

- 자극(刺戟)
외부에서 주는 힘이나 영향으로 마음이나 몸에 어떤 변화가 일어남.

- 완충(緩衝)
대립하는 것 사이에서 충돌을 누그러지게 함.

- 충돌(衝突)
세게 부딪힘.

치유 治癒

다스릴 **치** | 병 나을 **유**

치료하여 병을 낫게 함.

No. 0700
님피아
연결포켓몬
타입:페어리
키:1.0m 몸무게:23.5kg

리본 같은 더듬이를 통해 적의를 없애는 治癒의 파동을 상대에게 보내요.

같이 알아두면 좋은 말!

政 經 癒 着
정사 **정** | 날 **경** | 병 나을 **유** | 붙을 **착**

정치와 경제가 서로 깊게 연결되어 이익을 주고받는 부적절한 관계를 뜻해요.

- 치료(治療): 병이나 상처를 고침.
- 악화(惡化): 병이나 상태가 더 나빠짐.
- 완치(完治): 병이 완전히 나음.

특기 特技

특별할 특 　 재주 기

남이 가지지 못한 특별한 기술이나 기능.

No. 0028
고지
쥐포켓몬
타입:땅
키:1.0m　몸무게:29.5kg

재빠르게 뛰어다니며 등의 가시와 날카로운 발톱으로 공격하는 것이 特技예요.

같이 알아두면 좋은 말!

黔驢之技
검을 검　당나귀 려　갈 지　재주 기

하찮은 솜씨나 재주를 이르는 말이에요.

- 장기(長技)
  특히 잘하는 기술이나 재주.
- 단점(短點)
  잘하지 못하는 점이나 부족한 부분.
- 특별(特別)
  보통과 구별되게 다름.

풍선 | 風船

바람 풍 | 배 선

얇은 고무주머니 속에 공기나 수소 가스를 넣어 공중으로 뜨게 만든 물건.

No. 0728
누리공
강치포켓몬
타입:물
키:0.4m 몸무게:7.5kg

물로 된 風船을 조종해요. 커다란 風船을 만들기 위해 꾸준히 연습을 반복해요.

같이 알아두면 좋은 말!

美 風 良 俗
아름다울 미 | 바람 풍 | 어질 양 | 풍속 속

아름답고 좋은 풍속을 뜻하는 말이에요.

◉ 기구(氣球)
공기를 넣어 부풀리는 둥근 물건.

◉ 낙하(落下)
높은 곳에서 아래로 떨어짐.

◉ 선박(船舶)
물 위를 떠다니는 큰 배.

현실 現實

나타날 현 　 열매 실

현재 실제로 존재하는 사실이나 상태.

No. 0518
몽얌나
꿈결포켓몬
타입: 에스퍼
키: 1.1m 　 몸무게: 60.5kg

뿜어내는 연기가 거무스름할 때는 가까이 가지 않는 것이 좋아요. 악몽이 現實이 되기 때문이에요.

같이 알아두면 좋은 말!

實事求是
열매 실 　 일 사 　 구할 구 　 옳을 시

사실에 근거해서 진리를 구한다는 뜻으로, 실제 현실에 바탕을 두고 사물을 본다는 의미예요.

● 사실(事實)
실제로 있었던 일이나 현재에 있는 일.

● 이상(理想)
마음속으로 그리거나 바라는 완전한 상태.

● 현장(現場)
어떤 일이 실제로 일어나고 있는 곳.

환상 幻想

헛보일 환 　　 생각 상

현실적인 기초나 가능성이 없는 헛된 생각이나 공상.

No. 0802
마샤도
그림자살이포켓몬
타입: 격투, 고스트
키: 0.7m　몸무게: 22.2kg

그림자 안에 숨어 들을 수 있어 사람들 앞에 모습을 보이지 않아 그 존재는 幻想이었어요.

같이 알아두면 좋은 말!

無念無想

없을 무　생각 념　없을 무　생각 상

아무런 생각이나 욕심이 없다는 뜻으로, 마음이 아주 고요하고 깨끗한 상태를 말해요.

- 망상(妄想)
실제로는 존재하지 않는 헛된 생각이나 공상.
- 실재(實在)
실제로 존재함.
- 환영(幻影)
실제로는 없는 것이 있는 것처럼 보이는 것.

활약 活躍

살 **活** 뛸 **躍**

활발히 활동함. 또는 기운차게 뛰어다님.

No. 0660

파르토

땅구멍파기포켓몬

타입: 노말, 땅
키: 1.0m 몸무게: 42.4kg

굴착기에 뒤지지 않는 파워로 단단한 암반도 파고 들어가요. 터널 공사에서 크게 活躍해요.

같이 알아두면 좋은 말!

歡 呼 雀 躍

기쁠 **歡**   부를 **호**   참새 **작**   뛸 **약**

기뻐서 소리를 지르며 참새처럼 깡충깡충 뛴다는 뜻으로, 매우 기뻐서 어쩔 줄 모름을 나타내는 말이에요.

- 약동(躍動)
생기 있고 활발하게 움직임.
- 소극(消極)
기백이 부족하고 비활동적임.
- 사활(死活)
어떤 중대한 문제를 비유적으로 이르는 말.

효과 / 效果

본받을 효　　열매 과

어떤 목적을 지닌 행위에 의하여 드러나는 보람이나 좋은 결과.

No. 0764
큐아링
꽃따기포켓몬
타입:페어리
키:0.1m　몸무게:0.3kg

덩굴을 사용해서 꽃을 따요. 몸에 장식한 꽃에서는 치유 **效果**가 나타나요.

같이 알아두면 좋은 말!

因 果 應 報
인할 인　열매 과　응할 응　갚을 보

원인과 결과에 따라 반드시 보응이 따른다는 뜻으로, 선악에 따른 결과가 반드시 돌아옴을 의미해요.

- 성과(成果) 이루어 낸 결실.
- 무효(無效) 보람이나 효과가 없음.
- 효력(效力) 어떤 일이 미치는 힘이나 영향.

어떤 포켓몬에 대한 설명일까요?

포켓몬에 대한 설명을 잘 읽고 누구인지 선으로 이어 보세요.

고속으로 회전해 상대에게 돌격해요.

휠구

목표를 정하면 꼬리로 몸을 채찍질하며 돌진해요.

도치보구

몸을 보호하는 튼튼한 껍질이 있어요.

켄타로스

요정의 일종으로 모습을 드러내는 것을 좋아하지 않아요.

픽시

6장
두근두근 인체

건강 | 健康

굳셀 건 | 편안 강

정신적으로나 육체적으로 아무 탈이 없고 튼튼함. 또는 그런 상태.

No. 0670
플라엣테
한송이포켓몬
타입: 페어리
키: 0.2m 몸무게: 0.9kg

시든 꽃의 남은 힘을 끌어내어 健康해지게 해요. 빨간 꽃을 들고 있는 플라엣테.

같이 알아두면 좋은 말!

壽 福 康 寧
목숨 수 복 복 편안 강 편안할 녕

오래 살고 복을 누리며 건강하고 평안하다는 뜻이에요.

- 건전(健全)
병이나 탈이 없이 건강하고 온전함.
- 허약(虛弱)
힘이 없고 약함.
- 건립(建立)
건물 따위를 만들어 세움.

근육 筋肉

힘줄 **근**   고기 **육**

힘줄과 살을 통틀어 이르는 말.

No. 0066
알통몬
괴력포켓몬
타입: 격투
키: 0.8m   몸무게: 19.5kg

데구리를 수없이 들었다 놨다 하며 전신의 *筋肉*을 단련해요. 모든 격투기를 사용해요.

같이 알아두면 좋은 말!

苦 肉 之 策

쓸 **고**   고기 **육**   갈 **지**   꾀 **책**

자신이 고통을 겪으면서도 상대를 속이거나 어려운 상황을 극복하기 위해 쓴 묘책을 뜻해요.

 근복(筋腹)
근육에서 근육 세포로 이루어진 부분.

복근(腹筋)
복부에 있는 근육.

두개골 頭蓋骨

머리 두 · 덮을 개 · 뼈 골

척추동물의 머리를 이루는 뼈를 통틀어 이르는 말.

No. 0409 램펄드

박치기포켓몬

타입: 바위
키: 1.6m 몸무게: 102.5kg

어떤 충격에도 견딜 수 있는 두꺼운 頭蓋骨에 눌려 뇌가 자라지 않았어요.

같이 알아두면 좋은 말!

徹頭徹尾
통할 철 · 머리 두 · 통할 철 · 꼬리 미

머리에서 꼬리까지 통한다는 뜻으로, 처음부터 끝까지 철저함을 이르는 말이에요.

- 두개강(頭蓋腔) 뇌가 들어 있는 머리뼈 속 빈 공간.
- 연골(軟骨) 뼈보다 부드러운 탄력 있는 조직.
- 골수(骨髓) 뼈 속에 있는 부드러운 조직.

두뇌 頭腦

머리 두 　골 뇌

중추 신경 계통 가운데 머리뼈안에 있는 부분.

No. 0826
이올브
칠성포켓몬
타입:벌레, 에스퍼
키:0.4m 몸무게:40.8kg

똑똑한 포켓몬으로 유명해요. 커다란 頭腦는 강력한 사이코 파워를 가졌다는 증거예요.

같이 알아두면 좋은 말!

百 尺 竿 頭
일백 백　자 척　낚싯대 간　머리 두

백 자나 되는 높은 장대 위라는 뜻으로, 어렵고 위태로운 상태를 이르는 말이에요.

● 두정엽(頭頂葉)
뇌의 한 부분으로 감각 처리를 하는 곳.

● 뇌졸중(腦卒中)
뇌혈관이 막히거나 터지는 병.

성격 性格

성품 성　　격식 격

개인이 가지고 있는 고유의 성질이나 품성.

No. 0058
가디
강아지포켓몬

타입: 불꽃
키: 0.7m　몸무게: 19.0kg

자신보다 강하고 큰 상대라도 겁 없이 맞서는 용감하고 믿음직스런 **性格**이에요.

같이 알아두면 좋은 말!

格物致知
격식 **격**　물건 **물**　이를 **치**　알 **지**

사물의 이치를 끝까지 연구하여 지식을 얻는다는 뜻이에요.

- 성품(性品)
사람의 본성이나 품성.
- 변덕(變德)
자주 바뀌는 성질.
- 성인(成人)
완전히 자란 사람.

소화 消化

사라질 소 | 될 화

섭취한 음식물을 분해하여 영양분을 흡수하기 쉬운 형태로 변화시키는 일.

No. 0317

꿀꺽몬

독봉지포켓몬

타입:독
키:1.7m 몸무게:80.0kg

입에 들어가는 크기의 것이라면 무엇이든 통째로 삼켜요. 특수한 위액으로 무엇이든 消化해요.

같이 알아두면 좋은 말!

消 息 不 通
사라질 소 | 쉴 식 | 아닐 불 | 통할 통

소식을 전혀 모르는 상태를 뜻해요.

- 흡수(吸收)
  빨아서 거두어들임.
- 배출(排出)
  안에서 밖으로 밀어 보냄.
- 화학(化學)
  물질의 성질과 변화에 관한 학문.

심장 心臟

마음 심 · 오장 장

주기적인 수축에 의하여 혈액을 몸 전체로 보내는, 순환 계통의 중심적인 근육 기관.

No. 0085
두트리오
세쌍둥이새포켓몬
타입: 노말, 비행
키: 1.8m 몸무게: 85.2kg

폐와 心臟이 3개로 늘어났어요. 두두보다 다리는 느리지만 장시간을 계속 달릴 수 있어요.

같이 알아두면 좋은 말!

五 臟 七 腑
다섯 오 오장 장 일곱 칠 육부 부

오장육부 외에 한 기관을 더 가진 몸이라는 뜻으로, 비뚤어진 태도나 또는 그런 사람을 비속하게 이르는 말이에요.

- 심방(心房): 심장의 상부 두 부분 중 하나.
- 정지(停止): 움직이고 있던 것이 멎거나 그침.
- 심혈(心血): 심장의 피.

자세 姿勢

모양 자 | 형세 세

몸을 움직이거나 가누는 모양.
또는 사물을 대할 때 가지는 마음가짐.

No. 0496
샤비
풀뱀포켓몬
타입:풀
키:0.8m 몸무게:16.0kg

낮은 姿勢로 풀 사이를 미끄러지듯 내달린 다음 덩굴채찍으로 자비 없이 때려눕혀요.

같이 알아두면 좋은 말!

破 竹 之 勢
깨뜨릴 파 | 대나무 죽 | 갈 지 | 형세 세

어떤 일을 막힘없이 순조롭게 진행하는 모습을 말해요.

- 태도(態度)
사람이 몸이나 마음으로 나타내는 행동이나 상태.

- 자태(姿態)
어떤 모습이나 모양.

장기 臟器

오장 장 | 그릇 기

내장의 여러 기관.

No. 0203
키링키

긴목포켓몬

타입: 노말, 에스퍼
키: 1.5m 몸무게: 41.5kg

꼬리의 뇌는 매우 작지만 강력한 에스퍼 파워를 발휘하는 중요한 臟器예요.

같이 알아두면 좋은 말!

破器相接

깨뜨릴 파 | 그릇 기 | 서로 상 | 이을 접

깨진 그릇 맞추기라는 뜻으로, 이미 망그러진 일을 고치고자 쓸데없이 애를 씀을 이르는 말이에요.

- **내장(內臟)**
  척추동물의 가슴안이나 배안 속에 있는 여러 가지 기관.

- **기구(器具)**
  세간, 도구, 기계 따위를 통틀어 이르는 말.

전신 全身

온전할 전　　몸 신

몸 전체. 같은 말로는 '온몸'이 있다.

No. 0537

두빅굴

진동포켓몬

타입: 물, 땅
키: 1.5m　몸무게: 62.0kg

全身의 혹을 진동시켜서 지진과 같은 흔들림을 일으켜요. 삐딱구리와 가까운 종이에요.

같이 알아두면 좋은 말!

全力投球

온전할 전　힘 력　던질 투　공 구

어떤 일에 모든 힘을 쓴다는 뜻이에요.

- 신체(身體)
사람이나 동물의 몸 전체.
- 근섬유(筋纖維)
근육을 이루는 가는 섬유 조직.
- 전수(全數)
전체의 수효나 분량.

점막	粘膜
	붙을 **점**　꺼풀 **막**

우리 몸속의 여러 기관을 덮고 있는 부드럽고 끈끈한 막을 통틀어 이르는 말.

No. 0194
우파
수어포켓몬
타입: 물, 땅
키: 0.4m　몸무게: 8.5kg

온몸이 투명한 粘膜으로 뒤덮여 있으며 맨손으로 만지면 따끔따끔 저려요.

같이 알아두면 좋은 말!

單 分 子 膜
홀 **단**　나눌 **분**　아들 **자**　꺼풀 **막**

물의 표면에서 기름이나 비누가 이루는 막 따위를 일컫는 말이에요.

● 보호막(保護膜)
사물을 보호하기 위해 표면을 덮고 있는 막.

● 점성(粘性)
끈적거리는 성질.

지방 脂肪

기름 지 　 살찔 방

탄수화물, 단백질과 함께 우리 몸의 에너지원이 되는 3대 영양소 중 하나.

No. 0365
씨카이저
얼음깨기포켓몬
타입: 얼음, 물
키: 1.4m 몸무게: 150.6kg

큰 얼음을 이빨로 부숴요. 두꺼운 脂肪은 추위뿐만 아니라 상대의 공격도 이겨 내요.

같이 알아두면 좋은 말!

民膏民脂

백성 민 　 기름 고 　 백성 민 　 기름 지

백성의 피땀과 재물을 뜻하는 말로, 국민이 힘들게 벌어 낸 재산을 비유하는 말이에요.

- 지질(脂質)
  물에 녹지 않는 유기 화합물을 이르는 말.
- 피지(皮脂)
  피지샘에서 분비되는 기름 물질.

피부 皮膚

가죽 피 　 살갗 부

척추동물의 몸을 싸고 있는 조직. 신체 보호, 체온 조절, 배설, 피부 호흡 따위의 기능을 한다.

No. 0092

고오스
가스포켓몬
타입: 고스트, 독
키: 1.3m　몸무게: 0.1kg

가스로 된 몸으로 휘감은 다음 먹이의 皮膚를 통해 조금씩 독을 흘려보내어 약하게 만들어요.

같이 알아두면 좋은 말!

雪膚花容
눈 설　살갗 부　꽃 화　얼굴 용

눈처럼 하얗고 꽃처럼 아름다운 얼굴이나 피부를 뜻해요.

- 외피(外皮)
  겉으로 드러난 껍질.
- 오장(五臟)
  다섯 가지 내장.
- 철면피(鐵面皮)
  염치가 없고 뻔뻔스러운 사람을 낮잡아 이르는 말.

해골 骸骨

뼈 해 / 뼈 골

죽은 사람의 살이 썩고 남은 앙상한 뼈.

No. 0629
벌차이
기저귀포켓몬
타입: 악, 비행
키: 0.5m 몸무게: 9.0kg

적당한 骸骨을 찾아내서 엉덩이를 방어하는 습성이 있어요. 약한 포켓몬을 쫓아 돌아다녀요.

같이 알아두면 좋은 말!

骨肉相爭
뼈 골 / 고기 육 / 서로 상 / 다툴 쟁

가까운 혈육끼리 서로 다투거나 싸우는 일을 뜻해요.

- 골격(骨格)
몸을 지탱하는 뼈대.
- 무골(無骨)
뼈가 없는 상태.
- 백해(百骸)
온몸을 이루고 있는 뼈.

혈관 血管

피 血　　대롱 管

혈액이 흐르는 관.

No. 0042
골뱃
박쥐포켓몬
타입: 독, 비행
키: 1.6m　몸무게: 55.0kg

사람이나 포켓몬의 혈액을 매우 좋아해요. 목덜미의 血管을 노리며 밤하늘을 날아다녀요.

같이 알아두면 좋은 말!

管 中 窺 豹

대롱 管　가운데 中　엿볼 窺　표범 豹

대롱 구멍으로 표범을 본다는 뜻으로, 좁은 시야로 사물을 제대로 보지 못함을 비유하는 말이에요.

● 맥도(脈道)
혈액이 흐르는 관.

● 혈액(血液)
몸 안을 흐르는 붉은 액체.

호흡 呼吸

부를 호 　 마실 흡

산소를 흡수하고 이산화 탄소를 몸 밖으로 내보냄.
또는 그런 과정.

No. 0137
폴리곤
가상포켓몬
타입:노말
키:0.8m 몸무게:36.5kg

呼吸을 하지 않기 때문에 어디서나 활약할 수 있을 것으로 기대되는 인공의 포켓몬이에요.

같이 알아두면 좋은 말!

指 呼 之 間
가리킬 지 　 부를 호 　 갈 지 　 사이 간

손짓하여 부를 만큼 가까운 거리를 말해요.

- 산소(酸素)
  호흡할 때 필요한 기체.
- 질식(窒息)
  공기가 부족하여 숨을 못 쉬는 상태.
- 흡기(吸氣)
  숨을 들이마시는 것.

규칙을 완성하라!

빈칸에 들어갈 포켓몬을 <보기>에서 찾아 번호를 써 보세요.

보기

① 피카츄 ② 나오하 ③ 뜨아거 ④ 꾸왁스

규칙 1

규칙 2

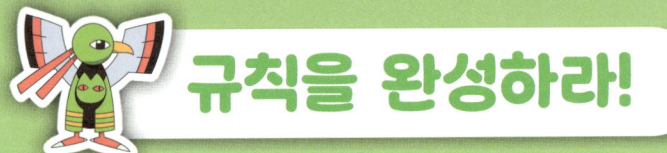

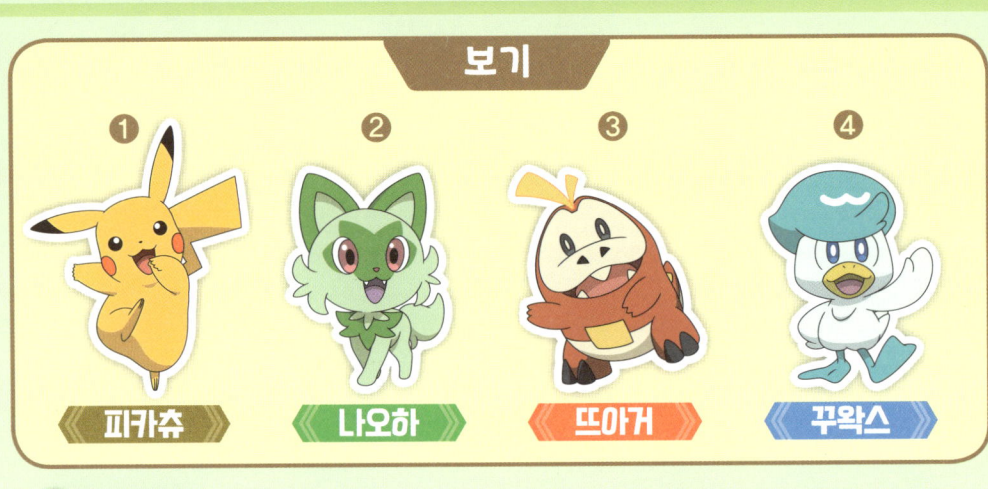

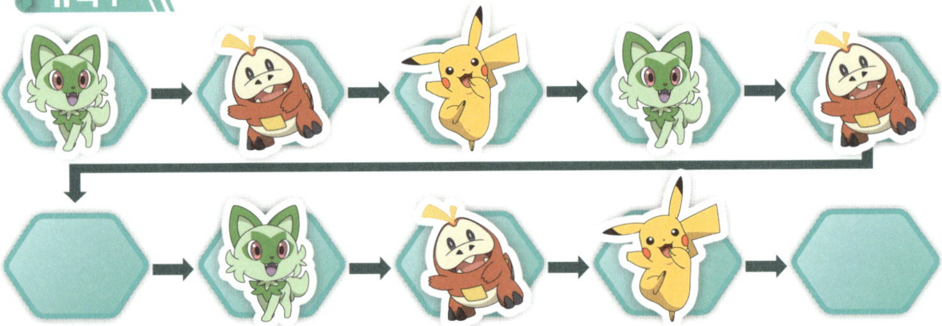

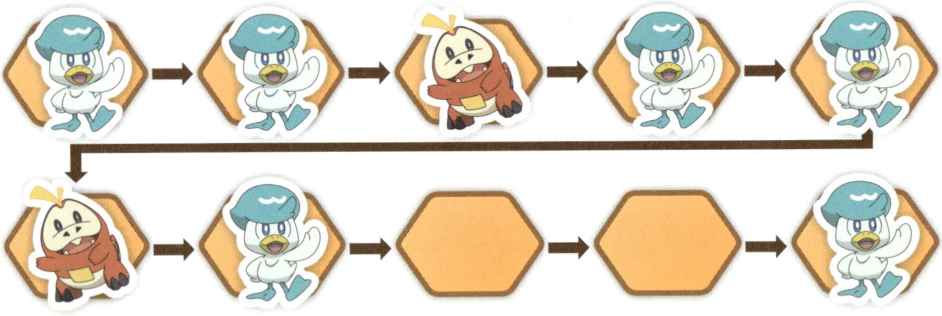

7장
살랑살랑 마음

감정 | 感情

느낄 **감** | 뜻 **정**

어떤 현상이나 일에 대하여 일어나는 마음이나 느끼는 기분.

No. 0481
엠라이트
감정포켓몬

타입: 에스퍼
키: 0.3m   몸무게: 0.3kg

슬픔의 괴로움과 즐거움의 소중함을 사람들에게 가르쳐 주었어요. 感情의 신이라 불려요.

같이 알아두면 좋은 말!

抑 何 心 情

누를 **억**   어찌 **하**   마음 **심**   뜻 **정**

무슨 생각으로 그러는지 알 수 없거나 마음속 깊이 맺힌 마음을 이르는 말이에요.

- 감화(感化)
마음이 움직여 영향을 받음.
- 정서(情緒)
사람의 마음에 일어나는 여러 가지 감정.

경계 警戒

경계할 경 　　 경계할 계

잘못되는 일이 일어나지 않도록 미리 조심하는 것.

No. 0161
꼬리선
망보기포켓몬
타입: 노말
키: 0.8m　몸무게: 6.0kg

警戒심이 강한 포켓몬이에요. 유연하게 움직이는 꼬리는 근육질이라 만져 보면 단단해요.

같이 알아두면 좋은 말!

一 罰 百 戒
한 일　죄 벌　일백 백　경계할 계

한 사람을 엄하게 처벌하여 다른 사람에게 경각심을 주는 일을 이르는 말이에요.

● 경고(警告)
조심하도록 미리 주의를 줌.

● 무심(無心)
감정이나 생각하는 마음이 없음.

● 경고(警告)
위험이나 잘못을 알림.

기분 氣分

기운 **기**   나눌 **분**

대상·환경 따위에 따라 마음에 절로 생기며 한동안 지속되는 감정.

No. 0684

나룸퍼프

솜사탕포켓몬

타입: 페어리

키: 0.4m   몸무게: 3.5kg

하루에 자신의 체중만큼의 설탕을 먹어요. 당분이 부족하면 매우 氣分이 나빠져요.

같이 알아두면 좋은 말!

氣高萬丈

기운 **기**   높을 **고**   일만 **만**   어른 **장**

펄펄 뛸 만큼 대단히 성이 났다는 뜻이에요. 일이 뜻대로 되어 나갈 때 우쭐대며 뽐내는 기세가 대단한다는 뜻도 있어요.

 분위기(雰圍氣)
어떤 장소나 상황에서 느껴지는 느낌.

무감각(無感覺)
느낌이나 감정이 없음.

기상(氣象)
대기 중에서 일어나는 바람, 구름, 비 따위 현상.

만족 | 滿足

찰 **만** / 발 **족**

마음에 흡족함. 또는 모자람이 없이 넉넉함.

No. 0479

로토무(워시로토무)

플라스마포켓몬

타입: 전기, 물
키: 0.3m 몸무게: 0.3kg

세탁기에 들어간 모습. 주변을 침수시키고는 滿足스러운 듯이 끄덕이고 있어요.

같이 알아두면 좋은 말!

滿場一致

찰 **만** / 마당 **장** / 한 **일** / 이를 **치**

모든 사람의 의견이 같다는 뜻이에요.

 충족(充足)
필요한 것이 채워짐.

결핍(缺乏)
필요하거나 부족함.

만료(滿了)
일정 기간이 다 찬 상태.

명상 | 冥想

어두울 명 | 생각 상

고요히 눈을 감고 깊이 생각함.

No. 0307

요가랑

명상포켓몬

타입: 격투, 에스퍼
키: 0.6m 몸무게: 11.2kg

매일 요가 수행을 거르지 않아요. 冥想을 통해서 정신력을 높여요.

같이 알아두면 좋은 말!

冥冥之中

 어두울 명   어두울 명   갈 지   가운데 중

듣거나 볼 수 없이 은연중에 느끼는 상태를 말해요.

- 사색(思索)
깊이 생각하고 궁리함.
- 산만(散漫)
질서나 통일성이 없음.
- 상상(想像)
실제 없는 것을 마음속으로 그려봄.

상쾌 爽快

시원할 상　　쾌할 쾌

느낌이 시원하고 산뜻함.

No. 0154
메가니움
허브포켓몬
타입: 풀
키: 1.8m　몸무게: 100.5kg

메가니움의 주변에 있으면 삼림욕을 한 것처럼 爽快한 기분이 들어요.

같이 알아두면 좋은 말!

眼明手快
눈 안　밝을 명　손 수　쾌할 쾌

눈치가 빠르고 하는 일이 시원시원하다는 뜻이에요.

- 유쾌(愉快)
  즐겁고 상쾌함.
- 우울(憂鬱)
  마음이 어둡고 답답함.
- 쾌락(快樂)
  유쾌하고 즐거움.

애정 愛情

사랑 애 / 뜻 정

사랑하는 마음.

No. 0760
이븐곰
강한완력포켓몬
타입:노말, 격투
키:2.1m 몸무게:135.0kg

동료로 인정하면 愛情을 표현하기 위해 껴안으려 하지만 뼈가 으스러질 수 있으므로 위험해요.

같이 알아두면 좋은 말!

多情多感
많을 다 / 뜻 정 / 많을 다 / 느낄 감

정이 많고 감정이 풍부하다는 뜻이에요.

- 애착(愛着) 사랑하거나 끌림.
- 증오(憎惡) 싫어하고 미워함.
- 애호(愛好) 사랑하고 좋아함.

온순 | 溫順

따뜻할 溫　　순할 順

성질이나 마음씨가 온화하고 순함.

No. 0612
액스라이즈
도끼턱포켓몬
타입: 드래곤
키: 1.8m　몸무게: 105.5kg

동굴이나 폐광산을 거처로 써요. 溫順하지만 어금니를 건드리면 크게 화를 내기 때문에 주의가 필요해요.

같이 알아두면 좋은 말!

溫故知新
따뜻할 溫　연고 故　알 知　새 新

과거의 지식이나 경험을 잘 배우고 이해하면, 새로운 것을 깨닫고 응용할 수 있다는 뜻이에요.

- 온화(溫和)
  온순하고 인자함.
- 난폭(亂暴)
  거칠고 사납게 행동함.
- 온기(溫氣)
  따뜻한 기운.

용감 勇敢

날랠 용 　 감히 감

용기가 있으며 씩씩하고 기운참.

No. 0821
파라꼬
아기새포켓몬
타입: 비행
키: 0.2m　몸무게: 1.8kg

勇敢하고 저돌적인 성질을 가졌어요. 눈가의 하얀 무늬는 마음 약한 포켓몬을 기죽게 해요.

같이 알아두면 좋은 말!

焉 敢 生 心
어찌 언　감히 감　날 생　마음 심

어찌 감히 그런 마음을 품겠냐는 뜻으로, 감히 어떤 행동을 할 생각조차 하지 못함을 말해요.

- 담력(膽力)
  겁이 없고 용감한 기운.
- 소심(小心)
  조심스럽고 겁이 많은 성격.
- 용사(勇士)
  용맹스러운 사람.

유대감 紐帶感

맺을 유 · 띠 대 · 느낄 감

서로 밀접하게 연결되어 있는 공통된 느낌.

No. 0094
메가팬텀
그림자포켓몬
타입: 고스트, 독
키: 1.4m 몸무게: 40.5kg

팬텀의 紐帶感은 비뚤어졌어요. 팬텀이 먹이로 노리는 상대하고만 싹튼다고 해요.

같이 알아두면 좋은 말!

感之德之
느낄 감 · 갈 지 · 클 덕 · 갈 지

분에 넘치는 듯 싶어 매우 감사하고 고마워한다는 뜻이에요.

- 친밀(親密) 매우 친함.
- 소외(疏外) 따돌리거나 멀리함.
- 휴대(携帶) 손에 들고 다님.

의심 疑心

의심할 의   마음 심

확실히 알 수 없어서 믿지 못하는 마음.

No. 0202
마자용
참기포켓몬
타입:에스퍼
키:1.3m 몸무게:28.5kg

까만 꼬리를 필사적으로 숨기는 것은 꼬리에 비밀이 있다는 증거라고 疑心받고 있어요.

같이 알아두면 좋은 말!

半信半疑
반 반   믿을 신   반 반   의심할 의

반은 믿고 반은 의심한다는 뜻이에요.

- 의혹(疑惑)
  의심하여 수상히 여김.
- 신뢰(信賴)
  믿고 의지함.
- 의문(疑問)
  의심하거나 궁금한 마음.

인내 忍耐

참을 **인** 　 견딜 **내**

괴로움이나 어려움을 참고 견딤.

No. 0360
마자
명랑포켓몬
타입: 에스퍼
키: 0.6m　몸무게: 14.0kg

동료들과 밀어내기 놀이를 하면서 忍耐심이 강한 성격으로 자랐어요. 달콤한 과일을 매우 좋아해요.

같이 알아두면 좋은 말!

耐	怨	害	忍
견딜 **내**	원망할 **원**	해할 **해**	참을 **인**

남의 해침을 받고도 앙갚음할 마음을 내지 않는 일이라는 뜻이에요.

● 감내(堪耐)
어려움을 참고 버티어 이겨 냄.

● 조급(早急)
참을성이 없이 매우 급함.

● 잔인(殘忍)
인정이 없고 모짊.

자존심 自尊心

스스로 자　높을 존　마음 심

남에게 굽히지 아니하고 자신의 품위를 스스로 지키는 마음.

No. 0763
달코퀸
후르츠포켓몬
타입: 풀
키: 1.2m　몸무게: 21.4kg

自尊心이 강하고 공격적이지만 꼭지의 왕관을 건드리면 금세 얌전해진다고 해요.

같이 알아두면 좋은 말!

唯 我 獨 尊
오직 유　나 아　홀로 독　높을 존

세상에서 자기 혼자 잘났다고 뽐내는 태도를 말해요.

- 자긍심(自矜心)
  스스로에게 긍지를 가지는 마음.
- 열등(劣等)
  보통의 수준이나 등급보다 낮음.
- 존경(尊敬)
  받들어 공경함.

질투 嫉妬

미워할 질　샘낼 투

다른 사람이 잘되거나 좋은 처지에 있는 것 따위를 공연히 미워하고 깎아내리려 함.

No. 0353 어둠대신

인형포켓몬

타입:고스트
키:0.6m　몸무게:2.3kg

원한이나 嫉妬 같은 감정이 좋아하는 먹이예요. 뾰족하게 솟은 뿔이 인간의 기분을 감지해 내요.

같이 알아두면 좋은 말!

妬 賢 嫉 能
샘낼 투　어질 현　미워할 질　능할 능

어질고 재주 있는 사람을 시기하며 미워한다는 뜻이에요.

 시기(猜忌)
남이 잘되는 것을 샘하여 미워함.

칭찬(稱讚)
좋은 점이나 착하고 훌륭한 일을 높이 평가함.

증질(憎嫉)
증오하고 질투함.

편안 便安

편할 편 / 편안 안

편하고 걱정 없이 좋음.

No. 0549
드레디어
꽃장식포켓몬
타입: 풀
키: 1.1m 몸무게: 16.3kg

머리의 꽃 장식에서 나는 향기를 맡으면 **便安**해지나 손질이 아주 까다로워요.

같이 알아두면 좋은 말!

利國便民
날카로울 이 / 나라 국 / 편할 편 / 백성 민

나라를 이롭게 하고 백성을 편안하게 한다는 뜻이에요.

- **평안(平安)** 마음이 편하고 근심이 없는 상태.
- **불편(不便)** 마음이 편하지 않고 괴로움.
- **안정(安定)** 흔들림이 없이 차분한 상태.

행복 幸福

다행 행 | 복 복

생활에서 충분한 만족과 기쁨을 느끼어 흐뭇함. 또는 그러한 상태.

No. 0176
토게틱
행복포켓몬
타입: 페어리, 비행
키: 0.6m 몸무게: 3.2kg

상냥한 사람의 근처에 나타나 幸福의 가루라고 불리는 반짝이는 깃털을 흩뿌린다고 해요.

같이 알아두면 좋은 말!

轉 禍 爲 福

구를 전 | 재앙 화 | 할 위 | 복 복

재앙이나 불행을 잘 극복하여 도리어 좋은 행운으로 바꾸는 것을 뜻해요.

- 행운(幸運): 좋은 운이 따름.
- 불행(不幸): 행복하지 않음.
- 다행(多幸): 뜻밖에 일이 잘되어 운이 좋음.

흥분 興奮

일어날 흥 　　 떨칠 분

어떤 자극을 받아 감정이 북받쳐 일어남. 또는 그 감정.

No. 0653
푸호꼬
여우포켓몬
타입: 불꽃
키: 0.4m　몸무게: 9.4kg

興奮하기 쉬운 성격이에요. 체온도 과하게 오르기 때문에 귀로 열을 내보내 냉정을 유지해요.

같이 알아두면 좋은 말!

咸 興 差 使
다 함　일어날 흥　보낼 차　시킬 사

심부름을 가서 오지 아니하거나 늦게 온 사람을 이르는 말이에요.

- 열광(熱狂)
매우 기쁘거나 흥분하는 상태.
- 진정(鎭靜)
마음이 가라앉고 차분한 상태.
- 흥미(興味)
흥을 느끼는 재미.

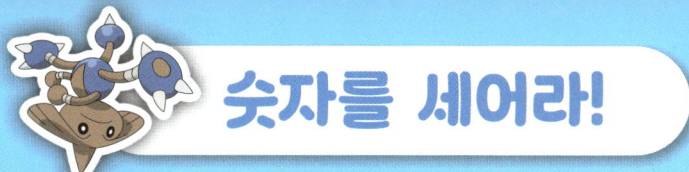

숫자를 세어라!

포켓몬이 각각 몇 마리인지 세어 보고 숫자를 써 보세요.

《발챙이》
마리

《슈륙챙이》
마리

《강챙이》
마리

재미 솔솔~ 낱말 퍼즐

빈칸에 정답을 넣어 낱말 퍼즐을 완성해 보세요.

가로 열쇠

④ 두 사람이 그물을 사이에 두고 공을 쳐서 넘기는 운동이에요.

세로 열쇠

8장
스릴만점 게임

공격 攻擊

칠 **공**   칠 **격**

나아가 적을 침. 또는 운동 경기나 오락 따위에서 상대편을 이기기 위한 적극적인 행동.

No. 0512
야나키
가시원숭이포켓몬

타입:풀
키:1.1m 몸무게:30.5kg

가시가 잔뜩 박힌 꼬리를 상대에게 힘껏 쳐서 **攻擊**해요. 기질이 격한 포켓몬이에요.

같이 알아두면 좋은 말!

難 攻 不 落
어려울 **난**   칠 **공**   아닐 **불**   떨어질 **락**

공격하기가 어려워 쉽사리 함락되지 않음을 뜻해요.

- 습격(襲擊)
  갑자기 공격함.
- 수비(守備)
  공격에 맞서 방어함. 또는 진출했던 곳에서 물러남.
- 격돌(激突)
  세게 부딪침.

기록 記錄

기록할 기   기록할 록

주로 후일에 남길 목적으로 어떤 사실을 적음. 또는 그런 글.

No. 0271
로토스
명랑함포켓몬
타입: 물, 풀
키: 1.2m 몸무게: 32.5kg

북신의 오랜 전승에 의하면 장난꾸러기 아이가 포켓몬으로 다시 태어난 것이라고 記錄되어 있어요.

같이 알아두면 좋은 말!

身邊雜記
몸 신   가 변   섞일 잡   기록할 기

일상 생활 속에서 겪는 사소하고 다양한 일들을 기록한 글을 뜻해요.

 기재(記載)
글이나 문서에 적음.

 삭제(削除)
기록이나 내용을 지움.

 기념(記念)
어떤 일을 기억함.

돌진 | 突進

갑자기 **돌** | 나아갈 **진**

세찬 기세로 거침없이 곧장 나아감.

No. 0639
테라키온
암굴포켓몬
타입: 바위, 격투
키: 1.9m 몸무게: 260.0kg

거대한 성벽을 일격에 돌파할 만한 突進력을 가졌어요. 전설로 전해지는 포켓몬이에요.

같이 알아두면 좋은 말!

遲遲不進
더딜 **지** | 더딜 **지** | 아닐 **부** | 나아갈 **진**

매우 더뎌서 일 따위가 잘 진척되지 않음을 뜻하는 말이에요.

- 돌격(突擊) 갑자기 덤벼드는 것.
- 후퇴(後退) 물러서서 뒤로 감.
- 돌출(突出) 튀어나옴.

무적 / 無敵

없을 무 대적할 적

매우 강하여 겨룰 만한 맞수가 없음.

No. 0697

견고라스

폭군포켓몬

타입: 바위, 드래곤
키: 2.5m 몸무게: 270.0kg

두꺼운 철판을 종잇장처럼 물어뜯는 커다란 턱 덕분에 고대 세계에서는 無敵이었어요.

같이 알아두면 좋은 말!

前無後無
앞 전 없을 무 뒤 후 없을 무

이전에도 없었고 앞으로도 없음을 뜻하는 말이에요.

- 불패(不敗)
  지지 않음.
- 약체(弱體)
  힘이 약한 상태.
- 대적(對敵)
  적을 마주 대함.

방어 防禦

막을 방 　 막을 어

상대편의 공격을 막음.

No. 0410

방패톱스

실드포켓몬

타입: 바위, 강철
키: 0.5m 몸무게: 57.0kg

뛰어난 防禦력을 지녔어요. 그 덕분에 특별히 다루는 일도 없이 풀이나 나무열매를 먹으며 지내요.

같이 알아두면 좋은 말!

排風禦氣

밀칠 배　바람 풍　막을 어　기운 기

바람을 물리치고 기운을 다스린다는 뜻으로, 자연 현상을 마음대로 다스림을 이르는 말이에요.

- 방패(防牌)
  공격을 막아 내는 도구.
- 철수(撤收)
  거두어들임.
- 방비(防備)
  적의 침입을 미리 대비함.

부활 | 復活

다시 **부** · 살 **활**

죽었다가 다시 살아남.
또는 쇠퇴하거나 폐지한 것이 다시 성하게 됨.

No. 0696
티고라스
유군포켓몬

타입: 바위, 드래곤
키: 0.8m 몸무게: 26.0kg

화석에서 復活한 포켓몬이에요. 마음에 들지 않는 일이 있으면 짜증을 내며 난동을 부려요.

같이 알아두면 좋은 말!

終 而 復 始
끝 **종** 말 이을 **이** 다시 **부** 비로소 **시**

어떠한 일을 끝내자마자 바로 이어서 다시 시작한다는 뜻이에요.

- 소생(蘇生) 죽었던 것이 다시 살아남.
- 멸망(滅亡) 망하여 없어짐.
- 부흥(復興) 다시 일어남.

상대 相對

서로 **상**   대할 **대**

서로 겨룸. 또는 그런 대상.
'서로 마주 대함. 또는 그런 대상'이라는 뜻도 있다.

No. 0782

짜랑꼬
비늘포켓몬
타입:드래곤
키:0.6m 몸무게:29.7kg

머리의 비늘은 공수 양면에서 활약해요. 강한 적을 相對할 때도 등을 보이지 않고 과감하게 맞서요.

같이 알아두면 좋은 말!

對 牛 彈 琴
대할 **대**   소 **우**   탄알 **탄**   거문고 **금**

어리석은 사람에게는 깊은 이치를 말해 주어도
아무 소용이 없음을 이르는 말이에요.

🔴 대항(對抗)
서로 맞서 싸움.

🔴 단독(單獨)
단 하나.

🔴 상호(相互)
이쪽과 저쪽 모두.

성장 成長

이룰 성 · 길 장

사람이나 동식물 따위가 자라서 점점 커짐.

No. 0789
코스모그
성운포켓몬
타입: 에스퍼
키: 0.2m 몸무게: 0.1kg

연약한 가스 상태의 몸이에요. 대기의 먼지를 모으며 천천히 成長해요.

같이 알아두면 좋은 말!

敎學相長
가르칠 교 · 배울 학 · 서로 상 · 길 장

가르치고 배우면서 서로 성장한다는 뜻이에요.

 증가(增加)
양이나 수가 늘어남.

 감소(減少)
양이나 수가 줄어듦.

 성립(成立)
일을 이루어 내는 것.

승리 勝利

이길 **승**   날카로울 **리**

겨루어서 이김.

No. 0494

비크티니
승리포켓몬

타입: 에스퍼, 불꽃
키: 0.4m 몸무게: 4.0kg

勝利를 부르는 포켓몬이에요. 비크티니와 함께하는 트레이너는 그 어떤 승부에서도 勝利한다고 해요.

같이 알아두면 좋은 말!

甘言利說

달 **감**   말씀 **언**   날카로울 **이**   말씀 **설**

귀가 솔깃하도록 남의 비위를 맞추거나 이로운 조건을 내세워 꾀는 말이에요.

- 우승(優勝) 경쟁에서 이김.
- 패배(敗北) 경쟁에서 짐.
- 승부(勝負) 이김과 짐.

영역 領域

거느릴 領　　　지경 域

활동, 기능, 효과, 관심 따위가 미치는 일정한 범위.

No. 0052
나옹
요괴고양이포켓몬
타입:노말
키:0.4m 몸무게:4.2kg

낮에는 거의 잠만 자요. 밤이 되면 눈을 반짝이며 領域을 돌아다녀요.

같이 알아두면 좋은 말!

異 域 萬 里

다를 異　지경 域　일만 萬　마을 里

다른 나라의 아주 먼 곳을 뜻해요.

- 지대(地帶)
한정된 일정한 구역.
- 영도(領導)
이끌고 지도함.

위기 危機

위태할 위 · 틀 기

위험한 고비나 시기.

No. 0652
브리가론
가시갑옷포켓몬
타입: 풀, 격투
키: 1.6m 몸무게: 90.0kg

동료가 危機에 처했을 때는 팔의 실드를 펼침으로써 직접 방패가 되어 공격을 막아요.

같이 알아두면 좋은 말!

臨機應變
임할 임 · 틀 기 · 응할 응 · 변할 변

그때그때 처한 사태에 맞추어 즉각 그 자리에서 결정하거나 처리한다는 뜻이에요.

- 위험(危險)
해로움이나 손실이 생길 우려가 있음.
- 안전(安全)
위험이 생기거나 사고가 날 염려가 없음.
- 위태(危殆)
마음을 놓을 수 없는 상태.

전력 全力

온전할 전 | 힘 력

모든 힘.

No. 0055

골덕

오리포켓몬

타입:물
키:1.7m 몸무게:76.6kg

물갈퀴가 달린 긴 손발을 써서 全力으로 헤엄치면 왠지 이마에서 빛이 반짝여요.

같이 알아두면 좋은 말!

完 全 無 缺

완전할 완 | 온전할 전 | 없을 무 | 이지러질 결

충분하게 구비하여서 결점이나 부족한 것이 없다는 뜻이에요.

 최선(最善)
가장 잘하려고 노력함.

나태(懶怠)
게으르고 부지런하지 않음.

전심(全心)
온 마음.

전법 戰法

싸움 전 · 법 법

전쟁이나 경기 따위에서 상대와 싸우는 방법.

No. 0657
개굴반장
거품개구리포켓몬
타입: 물
키: 0.6m 몸무게: 10.9kg

지형을 활용한 戰法이 특기예요. 조약돌을 거품으로 감싸서 날리는 기술은 백발백중이에요.

같이 알아두면 좋은 말!

百 戰 老 將
일백 백 · 싸움 전 · 늙을 노 · 장수 장

온갖 어려운 일을 많이 겪은 노련한 사람을 비유해요.

- 작전(作戰)
군사 행동이나 계획.
- 휴전(休戰)
전쟁을 일시 중단함.
- 전투(戰鬪)
무장하여 싸움.

제어 制御

절제할 **제**   거느릴 **어**

상대편을 억눌러서 제 마음대로 다룸.
또는 감정이나 생각 등을 막거나 누름.

No. 0067
근육몬
괴력포켓몬
타입: 격투
키: 1.5m 몸무게: 70.5kg

근육몬의 끝없는 파워는 매우 위험하므로 힘을 制御하는 벨트를 차고 있어요.

같이 알아두면 좋은 말!

以夷制夷

써 **이**   오랑캐 **이**   절제할 **제**   오랑캐 **이**

오랑캐로 오랑캐를 무찌른다는 뜻으로 한 세력을 이용해 다른 세력을 제어함을 이르는 말이에요.

- 통제(統制)
  행위를 제한하거나 제약함.
- 방임(放任)
  외부적인 것에 얽매이지 아니하고 마음대로 할 수 있는 상태.
- 제도(制度)
  일정한 규칙이나 방침.

조종 操縦

잡을 조 / 세로 종

다른 사람을 자기 마음대로 다루어 부림.

No. 0145
썬더
전기포켓몬
타입: 전기, 비행
키: 1.6m 몸무게: 52.6kg

번개 구름 안에 있다고 전해지는 전설의 포켓몬이에요. 번개를 자유로이 操縦해요.

같이 알아두면 좋은 말!

縦横無盡
세로 종 / 가로 횡 / 없을 무 / 다할 진

행동을 마음 내키는 대로 자유자재로 한다는 뜻이에요.

- 조작(操作)
  기계나 도구를 다루는 행위.
- 자치(自治)
  스스로 다스림.
- 조심(操心)
  실수가 없도록 말이나 행동에 마음을 씀.

조준 | 照準

비칠 조 　　준할 준

총알, 화살 따위를 목표물에 맞히기 위하여 방향과 거리를 잡아 겨냥함.

No. 0816
울며기
물도마뱀포켓몬
타입: 물
키: 0.3m 몸무게: 4.0kg

입에서 뿜어내는 물의 탄환으로 나무열매를 떨어뜨려서 먹어요. 照準은 백발백중이에요.

같이 알아두면 좋은 말!

肝膽相照

간 간　　쓸개 담　　서로 상　　비칠 조

간과 쓸개를 내놓고 서로에게 내보인다는 뜻으로, 서로 속마음을 털어놓고 친하게 사귐을 이르는 말이에요.

- 명중(命中)
  목표에 정확히 맞음.
- 오조준(誤照準)
  잘못 겨냥함.
- 조명(照明)
  빛을 비춤.

타격 打擊

칠 타 　 칠 격

때려 침.

No. 0892
우라오스(연격의 태세)
권법포켓몬
타입: 격투
키:1.9m 몸무게:105.0kg

많은 打擊으로 반드시 쓰러뜨리는 것이 신조예요. 물 흐르듯 끊임없이 打擊기술을 상대에게 날려요.

같이 알아두면 좋은 말!

利害打算
날카로울 이　해할 해　칠 타　셈 산

이해관계를 이모저모 따져 헤아리는 일을 뜻해요.

- 격파(擊破) 세게 쳐서 무너뜨림.
- 회피(回避) 나서지 않음.
- 격퇴(擊退) 공격을 물리치고 쫓아냄.

탐색 探索

찾을 **탐** · 찾을 **색**

사라지거나 드러나지 않은 사물이나 현상 따위를 자세히 살펴 찾음.

No. 0041

주뱃

박쥐포켓몬

타입: 독, 비행
키: 0.8m 몸무게: 7.5kg

입에서 내는 초음파로 두 눈이 없어도 주위의 장애물을 探索할 수 있어요.

같이 알아두면 좋은 말!

暗中摸索

어두울 **암** · 가운데 **중** · 본뜰 **모** · 찾을 **색**

물건 따위를 어둠 속에서 더듬어 찾는다는 뜻이에요.

- 수색(搜索)
  자세히 찾아봄.
- 은닉(隱匿)
  물건이나 사람을 감춤.
- 탐험(探險)
  위험을 무릅쓰고 살피고 조사함.

희귀 稀貴

드물 희 · 귀할 귀

드물어서 특이하거나 매우 귀함.

No. 0369

시라칸
장수포켓몬

타입: 물, 바위
키: 1.0m 몸무게: 23.4kg

심해 조사에서 발견된 稀貴한 포켓몬이에요. 1억 년 동안 모습이 바뀌지 않았어요.

같이 알아두면 좋은 말!

富 貴 榮 華
부유할 부 · 귀할 귀 · 영화 영 · 빛날 화

많은 재산과 높은 지위, 그리고 세상에서 누리는 영광과 화려함을 뜻해요.

- 귀중(貴重)
  아주 소중하고 값진 것.
- 평범(平凡)
  특별하지 않고 보통임.
- 귀족(貴族)
  사회적 지위가 높은 사람.

이름을 완성해 줘!

단어를 연결해 포켓몬의 이름을 완성해 주세요.

 화강  개굴  레시  켄타

 라무  반장  로스  돌

이름 속 글자를 찾아라!

<보기>의 단어가 같이 들어가는 포켓몬을 선으로 이어 주세요.

보기
라스   메가   몬   왕

9장
울끈불끈 힘

기동력 機動力

틀 **기** 움직일 **동** 힘 **력**

상황에 따라 재빠르게 움직이거나 대처하는 능력.

No. 0738
투구뿌논
뿔집게포켓몬
타입: 벌레, 전기
키: 1.5m 몸무게: 45.0kg

뛰어난 **機動力**으로 나무 사이를 날아다니며 전자 빔으로 새포켓몬을 격추시켜요.

같이 알아두면 좋은 말!

危機一髮
위태할 **위** 틀 **기** 한 **일** 터럭 **발**

여유가 조금도 없이 몹시 절박한 순간을 말해요.

- 민첩(敏捷)
  재빠르고 날쌤.
- 부동(不動)
  움직이지 않음.
- 계기(契機)
  어떤 일이 일어나는 결정적인 원인.

기억력 記憶力

기록할 **기** 생각할 **억** 힘 **력**

이전의 인상이나 경험을 의식 속에 간직해 두는 능력.

No. 0065
후딘
초능력포켓몬
타입: 에스퍼
키: 1.5m 몸무게: 48.0kg

태어나서부터 체험한 모든 것을 기억하고 있을 정도의 記憶力을 가지고 있어요. IQ가 5000이 넘어요.

같이 알아두면 좋은 말!

一 筆 難 記
한 **일** 붓 **필** 어려울 **난** 기록할 **기**

한 붓으로 이루 적을 수 없다는 뜻으로, 내용이 길거나 복잡하여 간단히 기록하기 어렵다는 뜻이에요.

● 상기(想起)
지난 일을 돌이켜 생각함.

● 망각(忘却)
잊어버림.

● 추억(追憶)
지난 일을 돌이켜 생각함.

능력 能力

능할 능 　 힘 력

일을 감당해 낼 수 있는 힘.

No. 0199
야도킹
임금포켓몬
타입: 물, 에스퍼
키: 2.0m　몸무게: 79.5kg

물렸을 때 머리에 깊게 스며든 독소에 의해 심상치 않은 能力에 눈을 뜬 야돈이에요.

같이 알아두면 좋은 말!

再起不能
두 재　일어날 기　아닐 불　능할 능

다시 일어설 능력이 없다는 뜻이에요.

- 재능(才能)
  어떤 일을 하는 데 필요한 재주와 능력.
- 무능(無能)
  능력이 없음.
- 가능(可能)
  할 수 있음.

단결력 團結力

둥글 **단** 맺을 **결** 힘 **력**

많은 사람이 한데 뭉치는 힘.

No. 0581
스완나
백조포켓몬
타입: 물, 비행
키: 1.3m 몸무게: 24.2kg

무리의 리더를 중심으로 일사불란하게 춤을 추며 **團結力**을 높여요.

같이 알아두면 좋은 말!

起 承 轉 結
일어날 **기** 이을 **승** 구를 **전** 맺을 **결**

글이나 이야기에서 전체 구조를 짜는 4단계를 뜻하는 말이에요.

 연대(連帶)
서로 밀접하게 연결됨.

 분열(分裂)
뿔뿔이 흩어짐.

결속(結束)
하나로 묶임.

생명력 生命力

날 生   목숨 命   힘 력

생물체가 생명을 유지하여 나가는 힘.

No. 0004
파이리
도롱뇽포켓몬
타입: 불꽃
키: 0.6m   몸무게: 8.5kg

꼬리에서 타오르는 불꽃은 生命力의 상징. 기운이 없으면 불꽃이 약해져요.

같이 알아두면 좋은 말!

佳 人 薄 命
아름다울 가   사람 인   엷을 박   목숨 명

미인은 불행하거나 약하여 일찍 죽는 일이 많다는 뜻이에요.

- 활력(活力)
  살아 움직이는 힘.
- 무기력(無氣力)
  힘이 없고 나태한 상태.
- 생일(生日)
  세상에 태어난 날.

순발력 瞬發力

깜짝일 순   필 발   힘 력

근육이 순간적으로 빨리 수축하면서 나는 힘.

No. 0253
나무돌이
숲도마뱀포켓몬
타입:풀
키:0.9m 몸무게:21.6kg

발달한 넓적다리의 근육이 경이로운 瞬發力과 도약력을 만들어 낸다.

같이 알아두면 좋은 말!

同時多發
한가지 동   때 시   많을 다   필 발

같은 시기에 여러 가지가 발생한다는 뜻이에요.

 기민(機敏)
행동이 민첩함.

지체(遲滯)
때를 늦추거나 질질 끎.

발동(發動)
움직이기 시작함.

압력 壓力

누를 압 | 힘 력

두 물체가 맞닿은 면에서 서로 수직으로 누르는 힘.

No. 0208
강철톤
철뱀포켓몬
타입: 강철, 땅
키: 9.2m 몸무게: 400.0kg

땅속의 높은 壓力과 열로 단련된 몸은 어떠한 금속보다도 단단해요.

같이 알아두면 좋은 말!

泰山壓卵
클 태 | 메 산 | 누를 압 | 알 란

큰 산이 알을 누른다는 뜻으로 어떤 일이 아주 쉬움을 이르는 말이에요.

- 압박(壓迫) 강한 힘으로 누름.
- 해방(解放) 억압에서 벗어남.
- 압권(壓卷) 여럿 가운데 가장 뛰어난 것.

완력 腕力

팔뚝 완 / 힘 력

육체적으로 억누르는 힘. 특히 팔의 힘.

No. 0675
부란다
무서운얼굴포켓몬
타입: 격투, 악
키: 2.1m 몸무게: 136.0kg

성질이 사나워서 腕力으로 상대를 조용하게 만들어요. 가로막구리와의 결투에 투지를 불태워요.

같이 알아두면 좋은 말!

切 齒 扼 腕
끊을 절 / 이 치 / 누를 액 / 팔뚝 완

이를 갈고 팔을 올리며 주먹을 쥔다는 뜻으로 몹시 분함을 이르는 말이에요.

- 체력(體力)
  몸의 힘.
- 쇠약(衰弱)
  몸이 약해짐.
- 완장(腕章)
  팔에 두르는 휘장.

위력 威力

위엄 **위**   힘 **력**

상대를 압도할 만큼 강력함. 또는 그런 힘

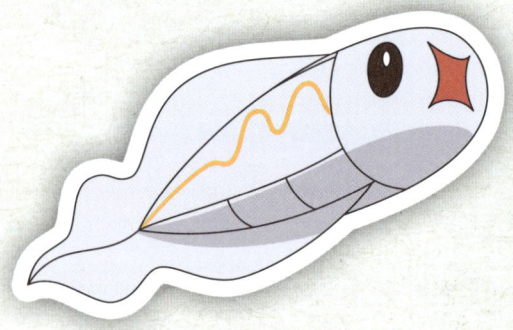

No. 0602
저리어
전기물고기포켓몬
타입: 전기
키: 0.2m 몸무게: 0.3kg

한 마리의 전력은 적지만 많은 저리어가 연결되면 번개와 같은 **威力**이 돼요.

같이 알아두면 좋은 말!

狐假虎威
여우 **호**   거짓 **가**   범 **호**   위엄 **위**

여우가 호랑이의 위세를 빌려 호기를 부린다는 데에서 유래한 말로, 남의 권세를 빌려 위세를 부린다는 뜻이에요.

- 위엄(威嚴)
굉장한 기세나 장엄한 모습.
- 유순(柔順)
성질이나 표정이 부드럽고 순함.
- 위세(威勢)
사람을 두렵게 하는 힘.

자력 磁力

자석 **자** · 힘 **력**

자석이나 전류끼리, 또는 자석과 전류가 서로 끌어당기거나 밀어 내는 힘.

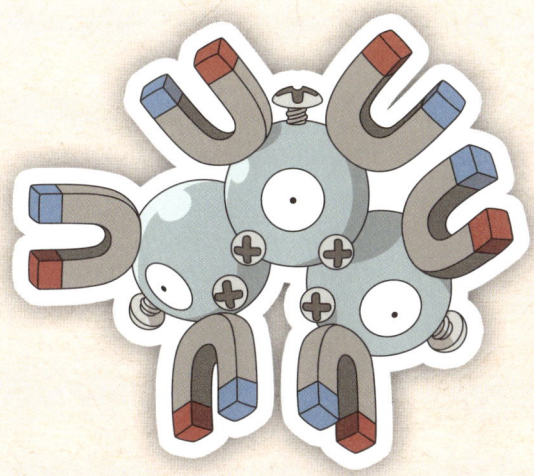

No. 0082

레어코일

자석포켓몬

타입: 전기, 강철
키: 1.0m 몸무게: 60.0kg

3개의 코일은 강한 磁力으로 연결되어 있어요. 가까이 다가가면 강한 귀울림에 시달리게 돼요.

같이 알아두면 좋은 말!

不可抗力

아닐 **불** · 옳을 **가** · 겨룰 **항** · 힘 **력**

자연 재해나 천재지변처럼, 사람의 힘으로는 어쩔 수 없이 당할 수밖에 없는 상황을 뜻해요.

- 자기장(磁氣場)
  자석 주위의 공간.
- 반발(反撥)
  되받아서 튕김.
- 자석(磁石)
  자력을 가진 돌.

정신력 精神力

정할 **정** 　 귀신 **신** 　 힘 **력**

정신적 활동의 힘.

No. 0741

춤추새
(훌라훌라스타일)

댄스포켓몬

타입: 에스퍼, 비행
키: 0.6m 　 몸무게: 3.4kg

연분홍꿀을 빨아들인 모습이에요. 사뿐한 스텝으로 精神力을 높여서 사이코 파워를 방출해요.

같이 알아두면 좋은 말!

天 佑 神 助

하늘 **천** 　 도울 **우** 　 귀신 **신** 　 도울 **조**

하늘이 돕고 신이 돕는다는 뜻이에요.

- 정열(情熱)
  강한 마음의 힘과 열정.
- 육체(肉體)
  구체적인 물체로서 사람의 몸.
- 정성(精誠)
  참되고 성실한 마음.

중력 重力

무거울 중 · 힘 력

지구 위의 물체가 지구로부터 받는 힘.

No. 0081
코일
자석포켓몬
타입: 전기, 강철
키: 0.3m 몸무게: 6.0kg

좌우에 있는 유닛에서 나오는 전자파를 이용해 重力을 거슬러 하늘에 떠 있어요.

같이 알아두면 좋은 말!

重言復言
무거울 중 · 말씀 언 · 다시 부 · 말씀 언

이미 한 말을 자꾸 되풀이 한다는 뜻이에요.

- 인력(引力)
  물체끼리 서로 끌어당기는 힘.
- 부력(浮力)
  물체를 위로 떠오르게 하는 힘.
- 중대(重大)
  매우 소중하고 큼.

지구력 | 持久力

가질 **지** 오랠 **구** 힘 **력**

오랫동안 버티며 견디는 힘.

No. 0521

켄호로우
(수컷의 모습)

프라이드포켓몬

타입: 노말, 비행
키: 1.2m 몸무게: 29.0kg

높은 비행 능력을 가졌어요. 암컷은 **持久力**이 뛰어나며 수컷은 비행 속도가 뛰어나요.

같이 알아두면 좋은 말!

天 長 地 久

하늘 **천** 길 **장** 땅 **지** 오랠 **구**

하늘과 땅이 변하지 않는다는 뜻으로 사물이 오래 계속됨을 이르는 말이에요.

- 지속(持續)
어떤 상태가 오래 계속 됨.

- 유지(維持)
어떤 상태나 상황을 그대로 보존함.

초능력 超能力

뛰어넘을 **초**   능할 **능**   힘 **력**

현대 과학으로는 합리적으로 설명할 수 없는 초자연적인 능력.

No. 0097

슬리퍼

최면포켓몬

타입: 에스퍼

키: 1.6m   몸무게: 75.6kg

상대와 눈이 마주쳤을 때 최면술 등의 다양한 **超能力**을 사용한다고 전해져요.

같이 알아두면 좋은 말!

黃 金 萬 能

누를 **황**   쇠 **금**   일만 **만**   능할 **능**

돈만 있으면 무엇이나 마음대로 할 수 있다는 뜻이에요.

- 초월(超越)
어떤 한계를 뛰어 넘음.
- 일반(一般)
평범함.
- 초과(超過)
한도를 넘어섬.

탄력 / 彈力

탄알 **탄** · 힘 **력**

반응이 빠르고 힘이 넘치는 것을 비유적으로 이르는 말. 또는 용수철처럼 튀거나 팽팽하게 버티는 힘.

No. 0477

야느와르몽

움켜쥐기포켓몬

타입: 고스트
키: 2.2m 몸무게: 106.6kg

彈力있는 몸 안에 갈 곳 없는 영혼을 가두어 저승으로 데려간다고 전해져요.

같이 알아두면 좋은 말!

動彈不得
움직일 **동** · 탄알 **탄** · 아닐 **부** · 얻을 **득**

곤란한 지경에 빠져서 꼼짝할 수가 없다는 뜻이에요.

- 유연(柔軟): 부드럽고 잘 늘어남.
- 경직(硬直): 단단하고 뻣뻣함.
- 탄약(彈藥): 탄약과 화약.

파괴력 破壞力

깨뜨릴 **파** · 무너질 **괴** · 힘 **력**

파괴하는 힘.

No. 0452
드래피온
요고전갈포켓몬
타입: 독, 악
키: 1.3m 몸무게: 61.5kg

양팔의 발톱은 자동차를 동강 내는 破壞力이 있어요. 발톱의 끝에서 독을 뿌려요.

같이 알아두면 좋은 말!

一 目 破 天
한 **일** · 눈 **목** · 깨뜨릴 **파** · 하늘 **천**

일이 미처 때를 만나지 못함을 이르는 말이에요.

- 파멸(破滅) 완전히 망가짐.
- 유지(維持) 상태를 그대로 보존함.
- 붕괴(崩壞) 무너지고 깨짐.

정답

▲41쪽

▲42쪽

▲65쪽

▲66쪽

▲94쪽

▲114쪽

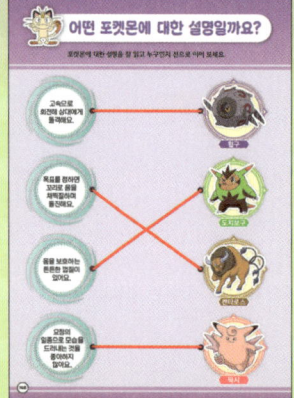
▲148쪽

▲166쪽

▲185쪽

▲186쪽

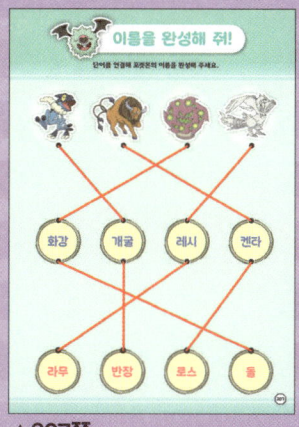
▲207쪽

▲208쪽

한자 어휘 찾아보기

ㄱ
어휘	쪽
감시(監視)	44
감정(感情)	168
거리(距離)	96
거처(居處)	45
건강(健康)	150
결정(結晶)	6
경계(警戒)	169
계절(季節)	68
고속(高速)	116
공간(空間)	97
공격(攻擊)	188
공룡(恐龍)	69
과거(過去)	117
과학(科學)	7
관계(關係)	46
관리(管理)	47
관찰(觀察)	8
광합성(光合成)	9
교차(交叉)	98
구별(區別)	99
구조(構造)	10
굴절(屈折)	11
규칙(規則)	100
근육(筋肉)	151
기계(機械)	12
기동력(機動力)	210
기록(記錄)	189
기분(氣分)	170
기술(技術)	13
기억력(記憶力)	211

ㄴ
어휘	쪽
낙엽(落葉)	70
농도(濃度)	14
능력(能力)	212

ㄷ
어휘	쪽
단결력(團結力)	213
대화(對話)	48
도망(逃亡)	118
도시(都市)	49
돌진(突進)	190
동료(同僚)	50
두개골(頭蓋骨)	152
두뇌(頭腦)	153

ㅁ
어휘	쪽
만족(滿足)	171
명령(命令)	51
명상(冥想)	172
모양(模樣)	119
목표(目標)	120
무적(無敵)	191
문명(文明)	52
물질(物質)	15
미숙(未熟)	121
민족(民族)	53
밀림(密林)	71

ㅂ
어휘	쪽
반복(反復)	101
반응(反應)	16
발견(發見)	17
방식(方式)	54
방어(防禦)	192
방전(放電)	18
번식(繁殖)	19
범위(範圍)	102
변이(變異)	20
보물(寶物)	122
보호(保護)	123
부분(部分)	103
부활(復活)	193
분별(分別)	104
분사(噴射)	21
분화구(噴火口)	72

ㅅ
어휘	쪽
비밀(秘密)	124
비축(備蓄)	125
빙하(氷河)	73
사막(沙漠)	74
산맥(山脈)	75
삼림(森林)	76
상대(相對)	194
상처(傷處)	126
상쾌(爽快)	173
생명력(生命力)	214
생활(生活)	55
섭씨(攝氏)	22
성격(性格)	154
성장(成長)	195
세상(世上)	56
세포(細胞)	23
소멸(消滅)	24
소화(消化)	155
수목(樹木)	77
수증기(水蒸氣)	25
순발력(瞬發力)	215
승리(勝利)	196
시간(時間)	105
신비(神祕)	127
실패(失敗)	128
심장(心臟)	156

ㅇ
어휘	쪽
압력(壓力)	216
압축(壓縮)	26
애정(愛情)	174
액체(液體)	27
역할(役割)	57
연구(研究)	28
연속(連續)	106
영양(營養)	129

영역(領域)	197	
영원(永遠)	130	
온순(溫順)	175	
완력(腕力)	217	
요정(妖精)	131	
용감(勇敢)	176	
용암(鎔巖)	78	
우주(宇宙)	79	
원인(原因)	132	
위기(危機)	198	
위력(威力)	218	
유대감(紐帶感)	177	
유빙(流氷)	80	
유전자(遺傳子)	29	
유충(幼蟲)	81	
음식(飮食)	133	
음파(音波)	30	
응용(應用)	107	
의심(疑心)	178	
인간(人間)	58	
인내(忍耐)	179	
일부(一部)	108	

ㅈ
자극(刺激)	134
자력(磁力)	219
자세(姿勢)	157
자연(自然)	82
자존심(自尊心)	180
작용(作用)	31
장기(臟器)	158
재생(再生)	32
전기(電氣)	33
전달(傳達)	135
전력(全力)	199
전법(戰法)	200

전신(全身)	159
전체(全體)	109
절벽(絕壁)	83
점막(粘膜)	160
정도(程度)	110
정상(頂上)	84
정신력(精神力)	220
제어(制御)	201
조류(潮流)	85
조우(遭遇)	59
조절(調節)	34
조종(操縱)	202
조준(照準)	203
주의(注意)	136
주인(主人)	60
중력(重力)	221
증거(證據)	35
증폭(增幅)	36
지구력(持久力)	222
지능(知能)	137
지방(地方)	61
지방(脂肪)	161
직선(直線)	111
진실(眞實)	138
진화(進化)	37
질투(嫉妬)	181
집단(集團)	62

ㅊ
초능력(超能力)	223
초목(草木)	86
초음파(超音波)	38
최대(最大)	112
추월(追越)	139
충격(衝擊)	140
치유(治癒)	141

ㅌ
타격(打擊)	204
탄력(彈力)	224
탈피(脫皮)	39
탐색(探索)	205
태양(太陽)	87
특기(特技)	142

ㅍ
파괴력(破壞力)	225
파동(波動)	40
편안(便安)	182
평균(平均)	113
포자(胞子)	88
폭포(瀑布)	89
풍선(風船)	143
풍습(風習)	63
풍토(風土)	90
피부(皮膚)	162

ㅎ
해골(骸骨)	163
해변(海邊)	91
행복(幸福)	183
현실(現實)	144
혈관(血管)	164
호흡(呼吸)	165
혹한(酷寒)	92
화산(火山)	93
환경(環境)	64
환상(幻想)	145
활약(活躍)	146
효과(效果)	147
흥분(興奮)	184
희귀(稀貴)	206

사자성어 찾아보기

ㄱ
성어	쪽
가인박명 (佳人薄命)	214
각자도생 (各自圖生)	32
간담상조 (肝膽相照)	203
감언이설 (甘言利說)	196
감지덕지 (感之德之)	177
거두대면 (擧頭對面)	48
거자필반 (去者必返)	117
검려지기 (黔驢之技)	142
격물치지 (格物致知)	154
결초보은 (結草報恩)	6
계포일낙 (季布一諾)	68
고성방가 (高聲放歌)	18
고육지책 (苦肉之策)	151
골육상쟁 (骨肉相爭)	163
관중규표 (管中窺豹)	164
관포지교 (管鮑之交)	47
광명정대 (光明正大)	9
교학상장 (教學相長)	195
구경부정 (究竟不淨)	28
권모술수 (權謀術數)	13
극락정토 (極樂淨土)	90
금과옥조 (金科玉條)	7
기고만장 (氣高萬丈)	170
기승전결 (起承轉結)	213

ㄴ
성어	쪽
난공불락 (難攻不落)	188
내원해인 (耐怨害忍)	179
능수능란 (能手能爛)	137

ㄷ
성어	쪽
다정다감 (多情多感)	174
단분자막 (單分子膜)	160
단사표음 (簞食瓢飮)	133
대동단결 (大同團結)	62
대우탄금 (對牛彈琴)	194
대의명분 (大義名分)	103
동고동락 (同苦同樂)	50

성어	쪽
동시다발 (同時多發)	215
동족상잔 (同族相殘)	53
동탄부득 (動彈不得)	224
득의양양 (得意揚揚)	136

ㅁ
성어	쪽
마부작침 (磨斧作針)	31
만장일치 (滿場一致)	171
망극득모 (亡戟得矛)	134
명명지중 (冥冥之中)	172
명약관화 (明若觀火)	72
명예회복 (名譽回復)	101
무거불측 (無據不測)	35
무념무상 (無念無想)	145
문명개화 (文明開化)	52
문방사보 (文房四寶)	122
물각유주 (物各有主)	60
미풍양속 (美風良俗)	143
민고민지 (民膏民脂)	161

ㅂ
성어	쪽
반사이익 (反射利益)	16
반신반의 (半信半疑)	178
발분망식 (發憤忘食)	17
배풍어기 (排風禦氣)	192
백의동포 (白衣同胞)	23
백전노장 (百戰老將)	200
백절불굴 (百折不屈)	11
백척간두 (百尺竿頭)	153
번음촉절 (繁音促節)	19
벌목정정 (伐木丁丁)	77
변화무쌍 (變化無雙)	20
부귀영화 (富貴榮華)	206
부자유친 (父子有親)	88
부전자전 (父傳子傳)	29
불가항력 (不可抗力)	219
불원천리 (不遠千里)	130
붕정만리 (鵬程萬里)	110

성어	쪽
빙공영사 (憑公營私)	129
빙산일각 (氷山一角)	73

ㅅ
성어	쪽
사귀신속 (事貴神速)	116
사리분별 (事理分別)	104
사어지천 (射魚指天)	21
사제지간 (師弟之間)	58
사통팔달 (四通八達)	135
산천초목 (山川草木)	75
생사관두 (生死關頭)	46
설부화용 (雪膚花容)	162
성동격서 (聲東擊西)	140
세상만사 (世上萬事)	84
소식불통 (消息不通)	155
수미상응 (首尾相應)	107
수복강녕 (壽福康寧)	150
수사두호 (隨事斗護)	123
수석침류 (漱石枕流)	80
순망치한 (脣亡齒寒)	92
시기상조 (時機尙早)	105
시정잡배 (市井雜輩)	49
신기묘산 (神機妙算)	12
신변잡기 (身邊雜記)	189
신진화멸 (薪盡火滅)	93
실사구시 (實事求是)	144

ㅇ
성어	쪽
아전인수 (我田引水)	25
안명수쾌 (眼明手快)	173
암중모색 (暗中摸索)	205
암혈지사 (巖穴之士)	78
애매모호 (曖昧模糊)	119
야반도주 (夜半逃走)	118
양사주석 (揚沙走石)	74
억하심정 (抑何心情)	168
언감생심 (焉敢生心)	176
연목구어 (緣木求魚)	86

연작처당 (燕雀處堂)	45
연전연승 (連戰連勝)	106
오밀조밀 (奧密稠密)	124
오월동주 (吳越同舟)	139
오장칠부 (五臟七腑)	156
온고지신 (溫故知新)	175
완전무결 (完全無缺)	199
용호상박 (龍虎相搏)	69
우주만물 (宇宙萬物)	79
위기십결 (圍棋十訣)	102
위기일발 (危機一髮)	210
유아독존 (唯我獨尊)	180
유언비어 (流言蜚語)	85
이국편민 (利國便民)	182
이실직고 (以實直告)	111
이역만리 (異域萬里)	197
이이제이 (以夷制夷)	201
이해타산 (利害打算)	204
인과응보 (因果應報)	147
인명재천 (人命在天)	51
인해전술 (人海戰術)	91
일가월증 (日加月增)	36
일목요연 (一目瞭然)	120
일목파천 (一目破天)	225
일벌백계 (一罰百戒)	169
일심동체 (一心同體)	27
일양내복 (一陽來復)	87
일언반구 (一言半句)	108
일엽지추 (一葉知秋)	70
일인이역 (一人二役)	57
일진월보 (日進月步)	37
일축일신 (一縮一伸)	26
일파만파 (一波萬波)	40
일필난기 (一筆難記)	211

ㅈ

임기응변 (臨機應變)	198
입춘대길 (立春大吉)	112
자피생충 (自皮生蟲)	81
자학자습 (自學自習)	63
자화자찬 (自畫自讚)	82
재기불능 (再起不能)	212
재색겸비 (才色兼備)	125
전대미문 (前代未聞)	121
전력투구 (全力投球)	159
전무후무 (前無後無)	191
전화위복 (轉禍爲福)	183
절세미인 (絕世美人)	83
절체절명 (絕體絕命)	109
절치액완 (切齒扼腕)	217
정경유착 (政經癒着)	141
정신일도 (精神一到)	131
종무소식 (終無消息)	24
종이부시 (終而復始)	193
종횡무진 (縱橫無盡)	202
좌정관천 (坐井觀天)	8
죽림칠현 (竹林七賢)	71
중목환시 (衆目環視)	64
중상모략 (中傷謀略)	126
중언부언 (重言復言)	221
지란지교 (芝蘭之交)	98
지리멸렬 (支離滅裂)	96
지지부진 (遲遲不進)	190
지호지간 (指呼之間)	165
직금회문 (織錦回文)	34
질저귀신 (質諸鬼神)	15

ㅊ

천방지축 (天方地軸)	54
천생인연 (天生因緣)	132
천우신조 (天佑神助)	220
천장지구 (天長地久)	222

천재일우 (千載一遇)	59
천차만별 (千差萬別)	99
천하태평 (天下泰平)	113
철두철미 (徹頭徹尾)	152
초근목피 (草根木皮)	39
초연주의 (超然主義)	38
취중진담 (醉中眞談)	138

ㅌ

탁상공론 (卓上空論)	56
태산압란 (泰山壓卵)	216
토정비결 (土亭祕訣)	127
투현질능 (妬賢嫉能)	181

ㅍ

파기상접 (破器相接)	158
파란만장 (波瀾萬丈)	30
파죽지세 (破竹之勢)	157
패가망신 (敗家亡身)	128
평지풍파 (平地風波)	61
포의지교 (布衣之交)	89
풍림화산 (風林火山)	76
풍운조화 (風雲造化)	10
필사즉생 (必死則生)	100

ㅎ

함흥차사 (咸興差使)	184
허도세월 (虛度歲月)	14
호가호위 (狐假虎威)	218
호시우보 (虎視牛步)	44
호연지기 (浩然之氣)	33
홍익인간 (弘益人間)	97
화씨지벽 (和氏之璧)	22
환호작약 (歡呼雀躍)	146
활인지방 (活人之方)	55
황금만능 (黃金萬能)	223

한자 급수표

8급	ㄱ	教	가르치다 교
		校	학교 교
		九	아홉 구
		國	나라 국
		軍	군대 군
		金	쇠 금 / 성씨 김
		南	남쪽 남
	ㄴ	女	여자 녀/여
		年	해 년
	ㄷ	大	크다 대
		東	동쪽 동
	ㄹ	六	여섯 륙/육
	ㅁ	萬	일만 만
		母	어머니 모
		木	나무 목
		門	문 문
		民	백성 민
	ㅂ	白	흰색 백
		父	아버지 부

	ㅅ	北	북쪽 북
		四	넷 사
		山	산 산
		三	셋 삼
		生	살다 생
		西	서쪽 서
		先	먼저 선
		小	작다 소
		水	물 수
		室	집 실
		十	열 십
	ㅇ	五	다섯 오
		王	임금 왕
		外	바깥 외
		月	달 월
		二	둘 이
		人	사람 인
		一	하나 일
		日	날 일

ㅈ	長	길 장			記	기록 기
	弟	아우 제	ㄴ	男	남자 남
	中	가운데 중		內	안 내
ㅊ	靑	푸르다 청		農	농사 농
	寸	마디 촌	ㄷ	答	대답 답
	七	일곱 칠		道	길 도
ㅌ	土	흙 토		動	움직이다 동
ㅍ	八	여덟 팔	ㄹ	力	힘 력
ㅎ	學	배우다 학		立	서다 립
	韓	한국 한	ㅁ	每	매번 매
	兄	형 형		名	이름 명
	火	불 화		物	만물 물
준7급 ㄱ	家	집 가	ㅂ	方	모방 방
	間	사이 간		百	백 백
	江	강 강		不	아니다 불/부
	車	수레 거	ㅅ	事	일 사
	工	장인 공		上	위 상
	空	하늘 공		姓	성씨 성
	氣	기운 기		世	세상 세

	手 손 수		海 바다 해
	市 시장 시		話 말할 화
	時 때 시		活 살다 활
	食 먹다 식		孝 효도 효
ㅇ	安 편안하다 안		後 뒤 후
	午 낮 오	7급 ㄱ	歌 노래 가
	右 오른쪽 우		口 입 구
ㅈ	子 아들 자		旗 깃발 기
	場 마당 장	ㄷ	冬 겨울 동
	全 온전하다 전		同 같다 동
	前 앞 전		洞 골짜기 동
	電 전기 전		登 오르다 등
	正 바르다 정	ㄹ	來 오다 래
	足 발 족		老 늙다 로
	左 왼쪽 좌		里 마을 리
	直 곧을 직		林 숲 림
ㅍ	平 평평하다 평	ㅁ	面 얼굴 면
ㅎ	下 아래 하		命 목숨 명
	漢 한나라 한		問 묻다 문

ㅂ	文	글월 문			主	주인 주
	夫	지아비 부			住	살다 주
ㅅ	算	셈하다 산			重	무겁다 중
	色	빛깔 색			地	땅 지
	夕	저녁 석			紙	종이 지
	少	적다 소		ㅊ	千	천 천
	所	곳 소			天	하늘 천
	數	셈 수			川	내 천
	植	심다 식			草	풀 초
	心	마음 심			村	마을 촌
ㅇ	語	말하다 어			秋	가을 추
	然	그러하다 연			春	봄 춘
	有	있다 유			出	나가다 출
	育	기르다 육		ㅍ	便	편하다 편
	邑	고을 읍		ㅎ	夏	여름 하
	入	들어가다 입			花	꽃 화
ㅈ	字	글자 자			休	쉴 휴
	自	스스로 자		준6급 ㄱ	各	각각 각
	祖	조상 조			角	뿔 각

	界	지경 계		等	무리 등
	計	셈 계	ㄹ	樂	즐겁다 락
	高	높다 고		利	이롭다 리
	公	공적일 공		理	다스리다 리
	共	함께 공	ㅁ	明	밝다 명
	功	공 공		聞	듣다 문
	果	열매 과	ㅂ	半	절반 반
	科	과목 과		反	돌이키다 반
	光	빛 광		班	나눌 반
	球	공 구		發	쏘다 발
	今	이제 금		放	놓다 방
	急	급하다 급		部	나눌 부
ㄷ	短	짧다 단		分	나누다 분
	堂	집 당	ㅅ	社	모일 사
	代	대신 대		書	글 서
	對	대하다 대		線	선 선
	圖	그림 도		雪	눈 설
	讀	읽다 독		成	이루다 성
	童	아이 동		省	살피다 성

	消	없앨 소	
	術	재주 술	
	始	시작하다 시	
	信	믿다 신	
	新	새 신	
	神	귀신 신	
	身	몸 신	
ㅇ	弱	약하다 약	
	藥	약 약	
	業	일 업	
	勇	날쌔다 용	
	用	쓰다 용	
	運	움직이다 운	
	音	소리 음	
	飮	마시다 음	
	意	뜻 의	
ㅈ	作	만들다 작	
	昨	어제 작	
	才	재주 재	

戰	싸움 전	
庭	뜰 정	
第	차례 제	
題	제목 제	
注	부을 주	
集	모을 집	
ㅊ	窓	창문 창
	淸	맑다 청
	體	몸 체
ㅍ	表	겉 표
	風	바람 풍
ㅎ	幸	다행 행
	現	나타나다 현
	形	모양 형
	和	화목하다 화
	會	모이다 회
6급 ㄱ	感	느끼다 감
	强	강하다 강
	開	열다 개

	한자	뜻 음
	京	서울 경
	古	옛 고
	苦	괴롭다 고
	交	사귀다 교
	區	구역 구
	郡	고을 군
	根	뿌리 근
	近	가깝다 근
	級	등급 급
ㄷ	多	많다 다
	待	기다리다 대
	度	법도 도
	頭	머리 두
ㄹ	例	법식 례/예
	禮	예절 례/예
	路	길 로
	綠	초록빛 록
	李	성씨 리/이
ㅁ	目	눈 목

	한자	뜻 음
	米	쌀 미
	美	아름답다 미
ㅂ	朴	성씨 박
	番	차례 번
	別	나눌 별
	病	병 병
	服	옷 복
	本	근본 본
ㅅ	使	부리다 사
	死	죽다 사
	席	자리 석
	石	돌 석
	速	빠르다 속
	孫	손자 손
	樹	나무 수
	習	익히다 습
	勝	이기다 승
	式	법 식
	失	잃다 실

ㅇ	愛	사랑 애
	夜	밤 야
	野	들 야
	洋	바다 양
	陽	볕 양
	言	말씀 언
	永	길다 영
	英	꽃부리 영
	溫	따뜻할 온
	園	동산 원
	遠	멀다 원
	油	기름 유
	由	말미암다 유
	銀	은 은
	衣	옷 의
	醫	의원 의
ㅈ	者	사람 자
	章	글 장
	在	있을 재

	定	정하다 정
	朝	아침 조
	族	겨레 족
	晝	낮 주
ㅊ	親	친하다 친
ㅌ	太	클 태
	通	통하다 통
	特	특별하다 특
ㅎ	合	합하다 합
	行	다니다 행
	向	향하다 향
	號	부르짖다 호
	畫	그림 화
	黃	누를 황
	訓	가르치다 훈

일러두기
이 책의 단어 정의 중 일부는 국립국어원의 『표준국어대사전』을 참고하여 작성하였습니다.

한자 어휘 도감

초판 1쇄 인쇄 2025년 7월 23일
초판 1쇄 발행 2025년 7월 30일

발행인 심정섭
편집인 안예남
편집팀장 이주희
편집 정성호
본문구성 서보경
제작 정승헌
브랜드마케팅 김지선
출판마케팅 홍성현, 김호현, 신재철
디자인 DesignPlus

인쇄처 에스엠그린
발행처 (주)서울문화사
등록일 1988년 2월 16일
등록번호 제2-484
주소 서울시 용산구 새창로 221-19
전화 02-799-9196(편집), 02-791-0752(출판마케팅)

ISBN 979-11-7371-047-6
ISBN 979-11-6923-319-4(세트)

©Nintendo, Creatures, GAME FREAK, TV Tokyo, ShoPro, JR Kikaku. ©Pokémon.
포켓몬스터, 포켓몬, Pokémon은 Nintendo의 상표입니다.

※본 제품은 한국 내 독점적 저작권 관리자인 ㈜포켓몬코리아와의 정식계약에 의해 생산되므로 무단 복제 시 법의 처벌을 받게 됩니다. 한국 내에서만 판매 가능.
※잘못된 제품은 구입처에서 교환해 드립니다.